11+ Non-verbal Reasoning

Standard 10 Minute Tests

TESTBOOK 1

Dr Stephen C Curran
with Andrea Richardson

Edited by Dr Tandip Singh Mann

This book belongs to

Accelerated Education Publications Ltd.

Non-verbal Reasoning Test 1

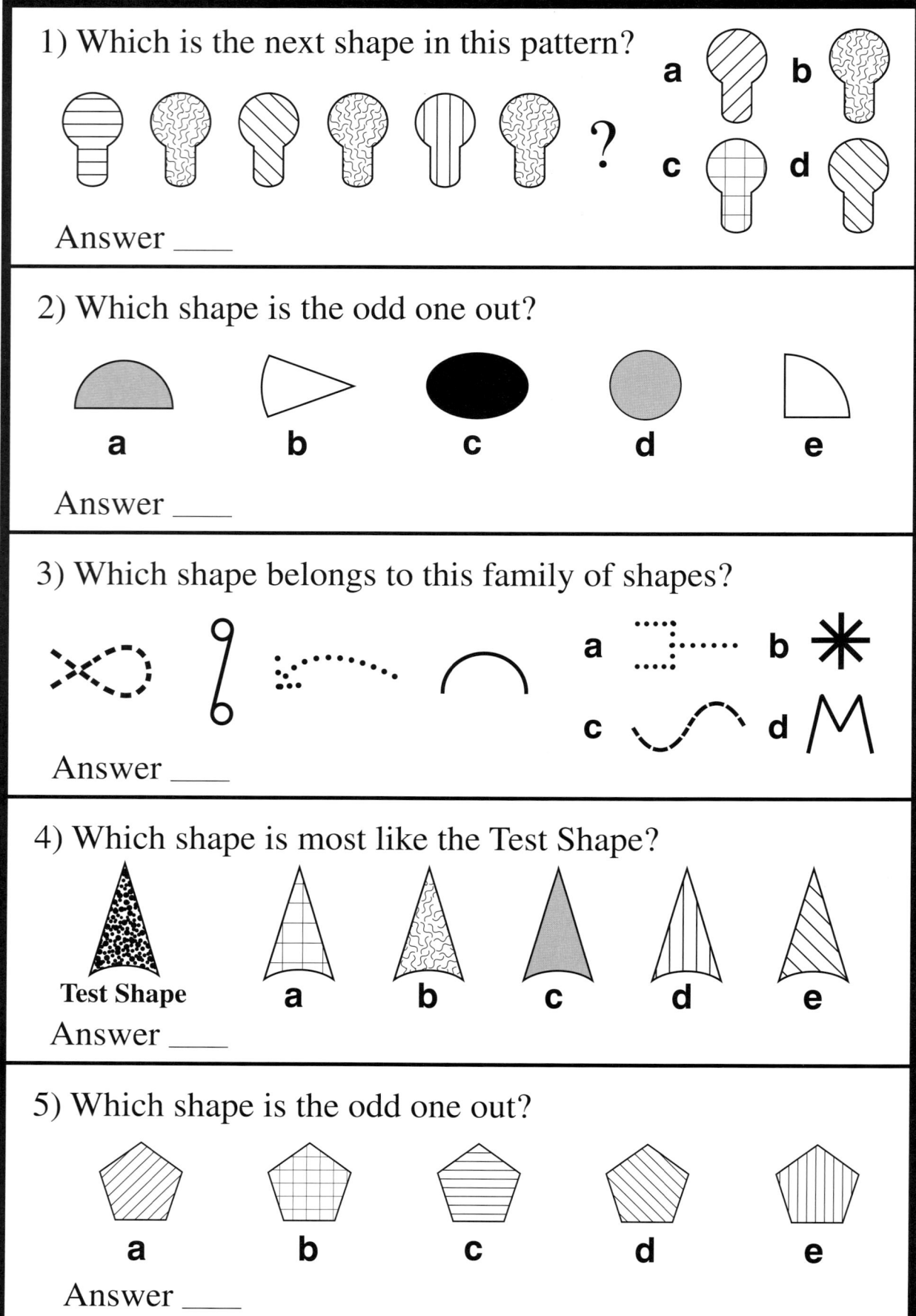

1) Which is the next shape in this pattern?

Answer ____

2) Which shape is the odd one out?

Answer ____

3) Which shape belongs to this family of shapes?

Answer ____

4) Which shape is most like the Test Shape?

Test Shape

Answer ____

5) Which shape is the odd one out?

Answer ____

© 2010 Stephen Curran

6) Which shape does not fit in with the others?

a   b   c   d   e

Answer ____

7) Which figure belongs to this collection of figures?

a   b   c   d

Answer ____

8) Which shape does not fit in with the others?

a   b   c   d   e

Answer ____

9) Which is the next shape in this pattern?

a   b   c   d

Answer ____

10) Which shape does not fit in with the others?

a   b   c   d   e

Answer ____

Score

© 2010 Stephen Curran

Non-verbal Reasoning Test 2

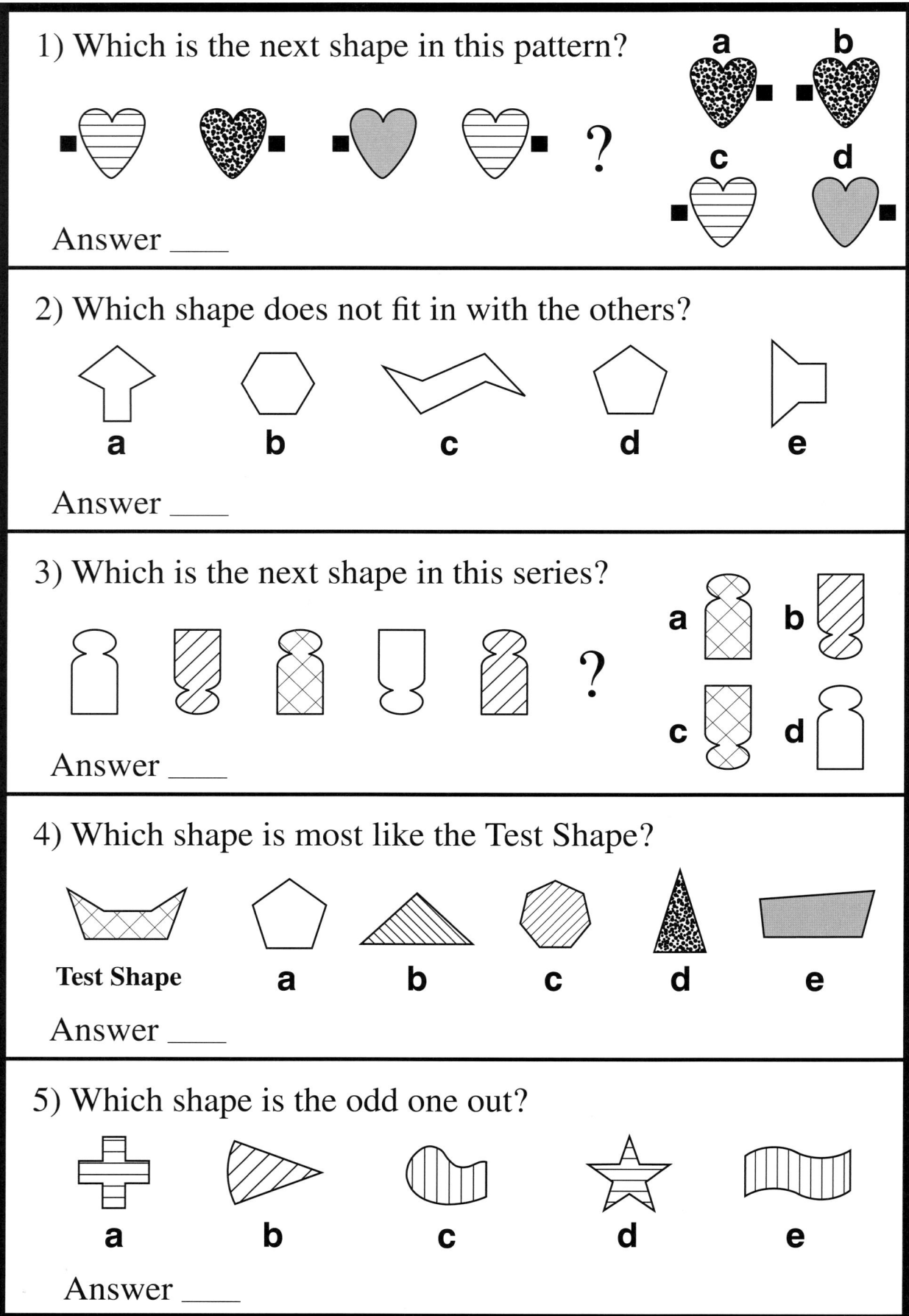

1) Which is the next shape in this pattern?

Answer ____

2) Which shape does not fit in with the others?

Answer ____

3) Which is the next shape in this series?

Answer ____

4) Which shape is most like the Test Shape?

Test Shape

Answer ____

5) Which shape is the odd one out?

Answer ____

4 © 2010 Stephen Curran

6) Which shape is the odd one out?

a   b   c   d   e

Answer ____

7) Which shape belongs to this family of shapes?

T V F W D

a b c d

Answer ____

8) Which shape is the odd one out?

a   b   c   d   e

Answer ____

9) Which is the next shape in this series?

a b c d

Answer ____

10) Which shape is the odd one out?

a   b   c   d   e

Answer ____

Score

© 2010 Stephen Curran

5

Non-verbal Reasoning Test 3

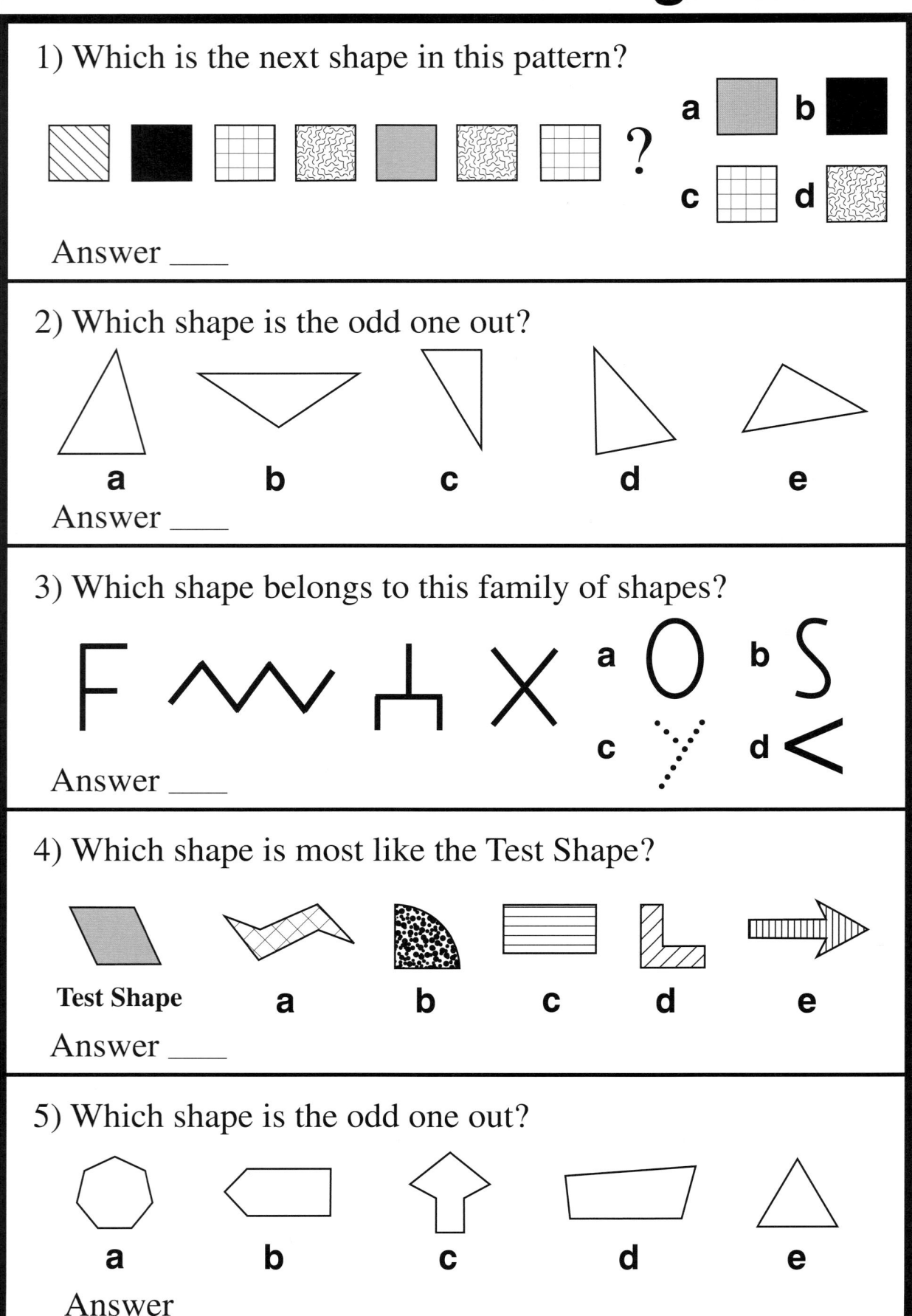

1) Which is the next shape in this pattern?

Answer ____

2) Which shape is the odd one out?

Answer ____

3) Which shape belongs to this family of shapes?

Answer ____

4) Which shape is most like the Test Shape?

Answer ____

5) Which shape is the odd one out?

Answer ____

6) Which shape does not fit in with the others?

   a   b   c   d   e

   Answer ____

7) Which is the next shape in this series?

   a   b
   c   d

   Answer ____

8) Which two shapes are most alike?

   a   b   c   d   e

   Answer ____ and ____

9) Which is the next shape in this series?

   a   b
   c   d

   Answer ____

10) Which shape is most like the Test Shape?

   Test Shape   a   b   c   d   e

   Answer ____

   Score

Non-verbal Reasoning Test 4

1) Which is the next shape in this series?

    ?   a 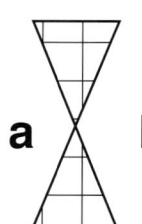 b 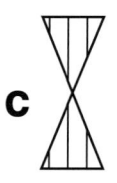 c  d

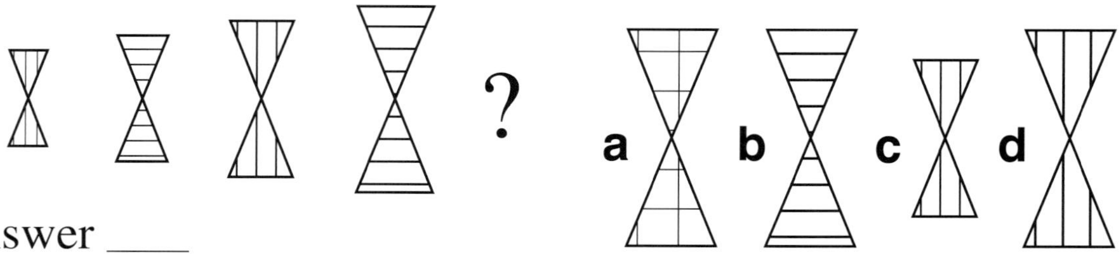

Answer ____

2) Which shape does not fit in with the others?

      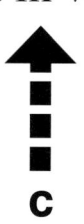    
a   b   c   d   e

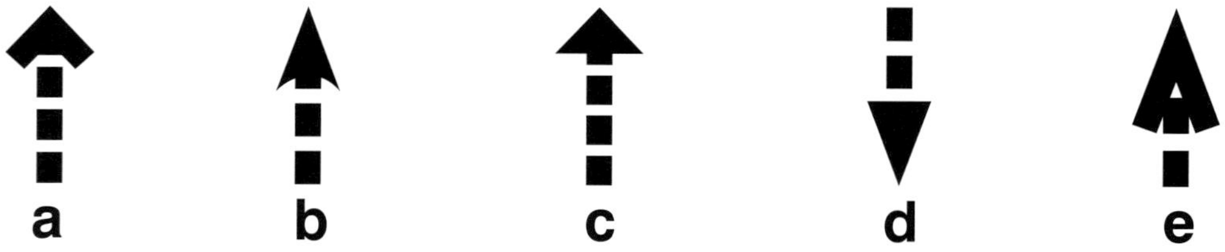

Answer ____

3) Which shape belongs to this family of shapes?

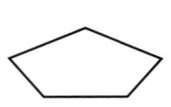 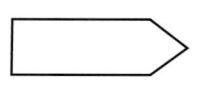   a  b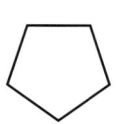

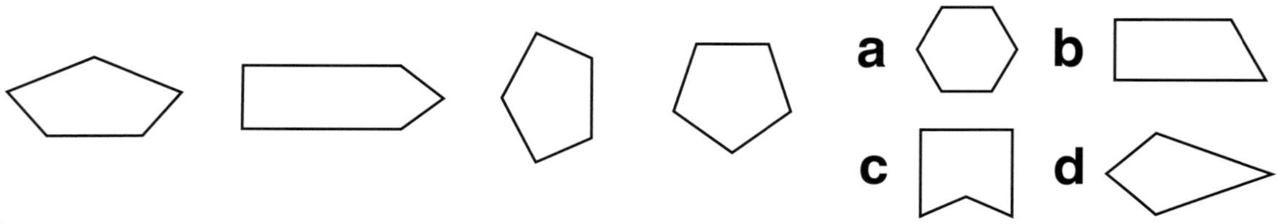

                  c  d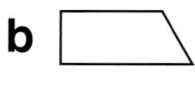

Answer ____

4) Which shape is most like the Test Shape?

         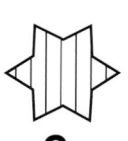    

Test Shape   a   b   c   d   e

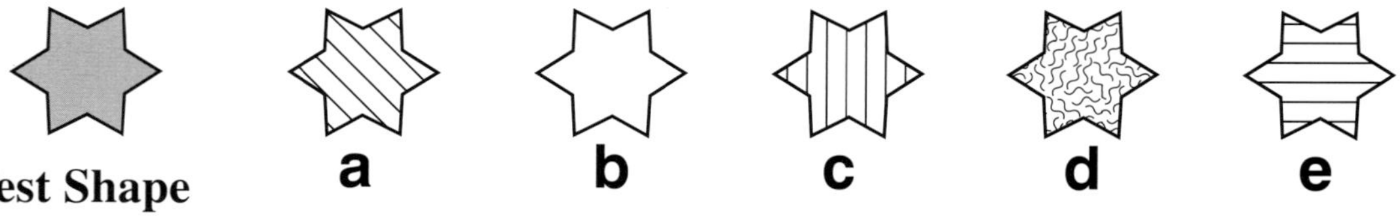

Answer ____

5) Which is the next shape in this series?

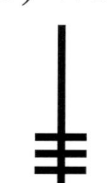   ?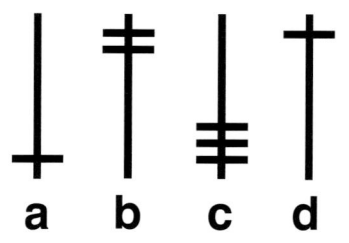
                                      a   b   c   d

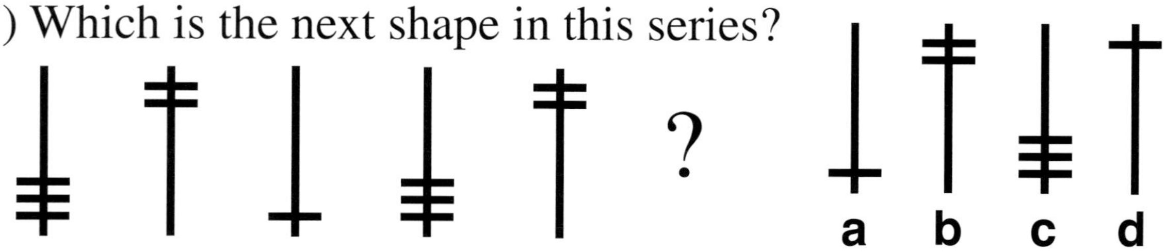

Answer ____

© 2010 Stephen Curran

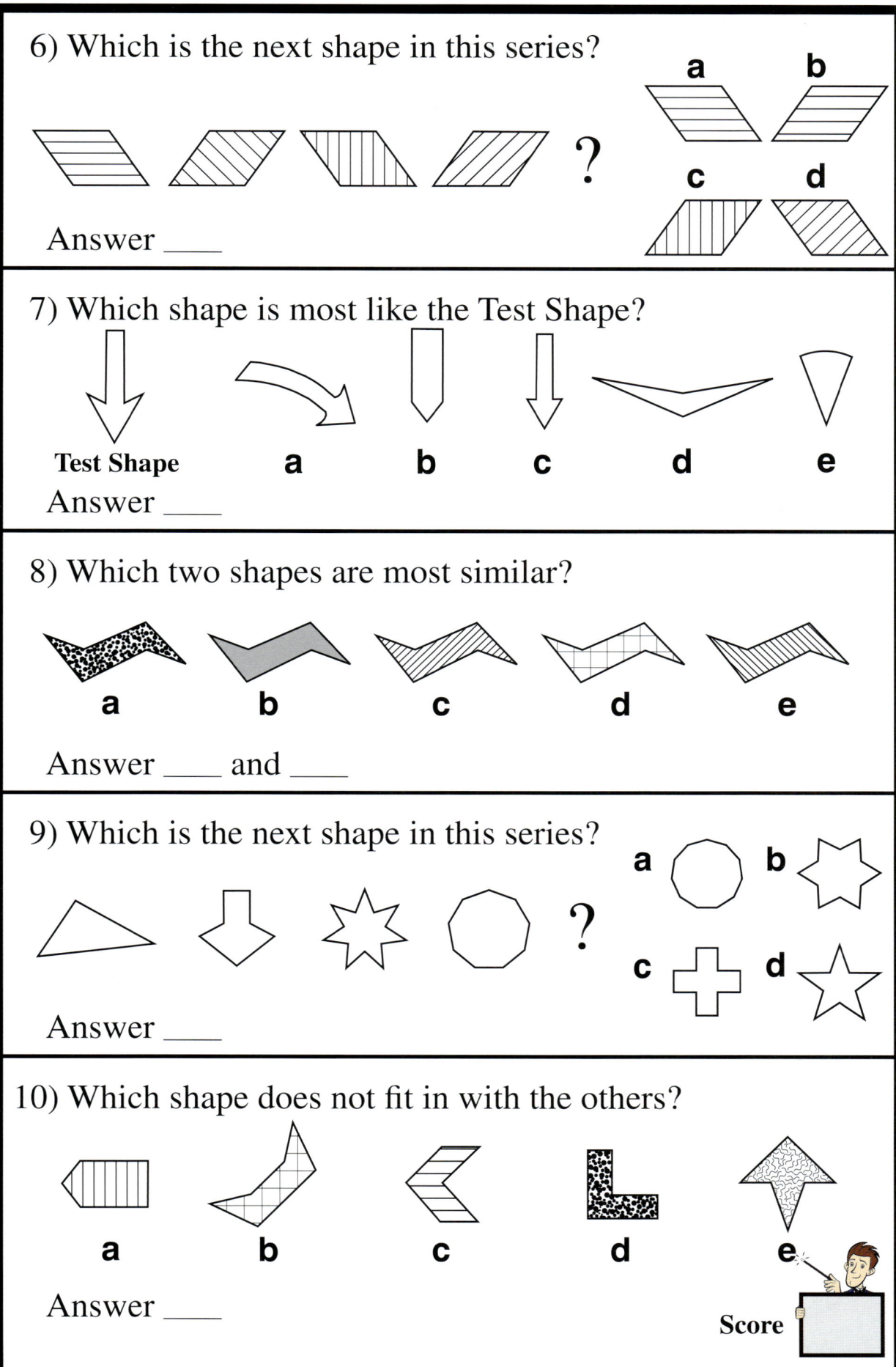

Non-verbal Reasoning Test 5

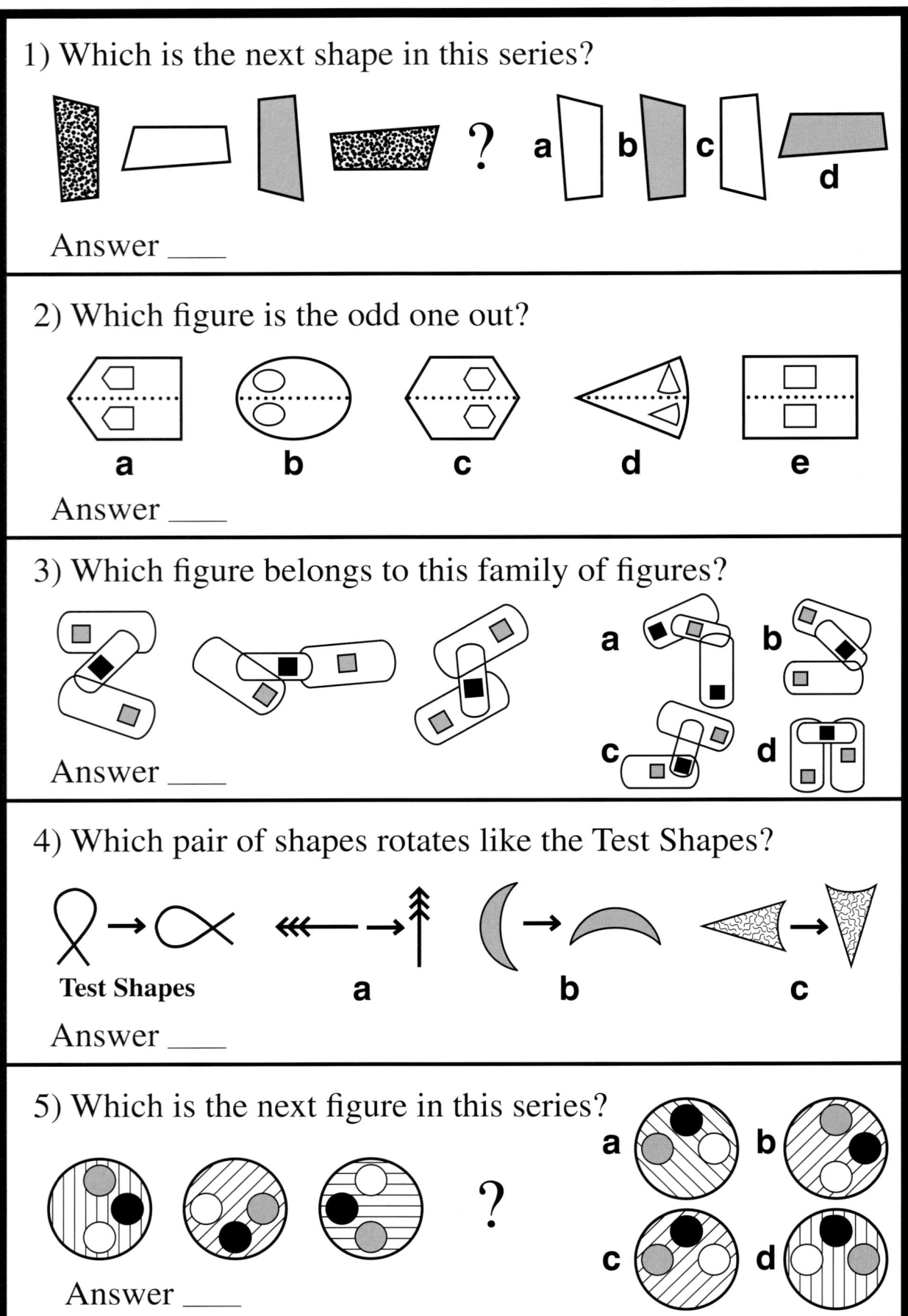

6) Which is the next shape in this series?

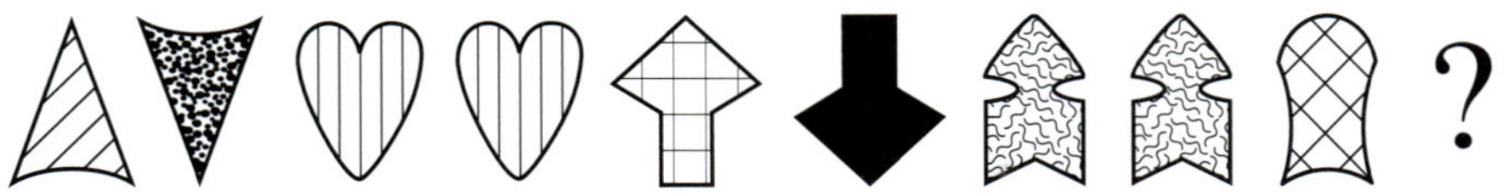

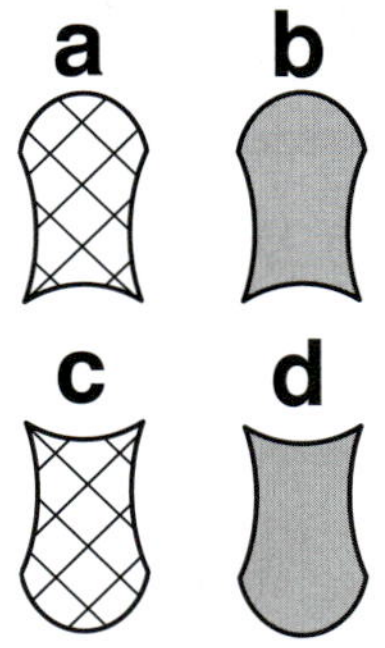

Answer ____

7) Which figure is most unlike the Test Figure?

Test Figure   a   b   c   d   e

Answer ____

8) Which two shapes are most similar?

a   b   c   d   e

Answer ____ and ____

9) Which is the next figure in this series?

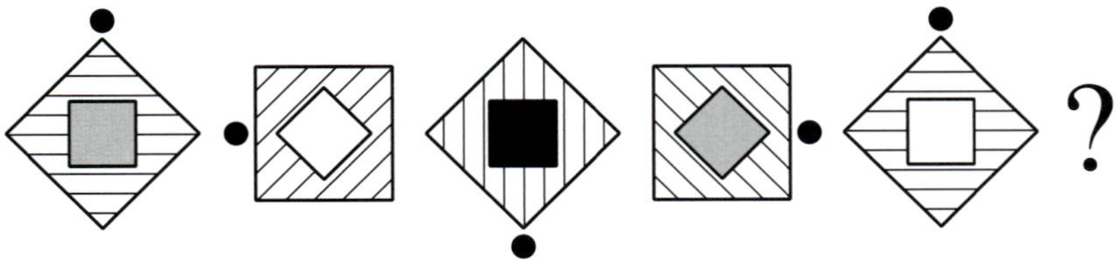

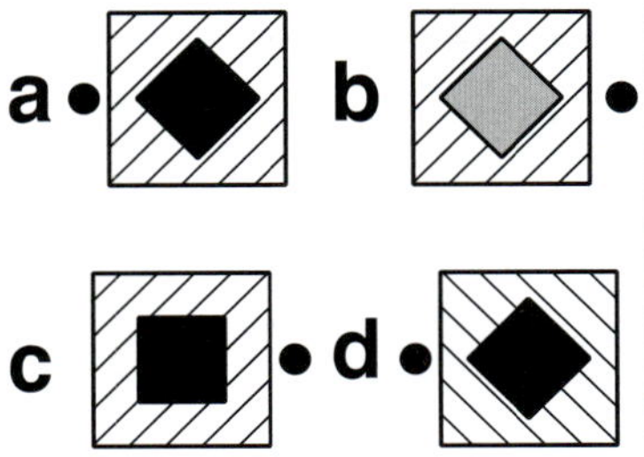

Answer ____

10) Which figure does not fit in with the others?

a   b   c   d   e

Answer ____

Score

Non-verbal Reasoning Test 6

1) Which is the next figure in this series?

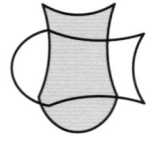  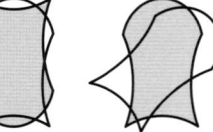 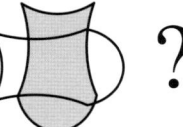 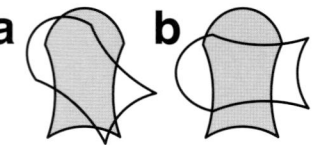 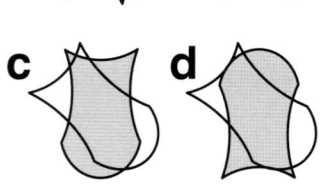

Answer ____

2) Which pair of shapes is the odd one out?

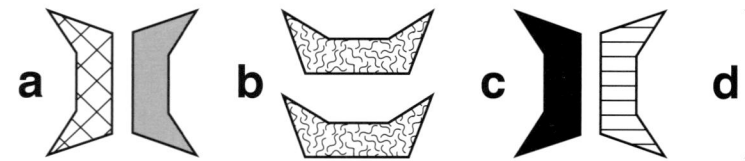 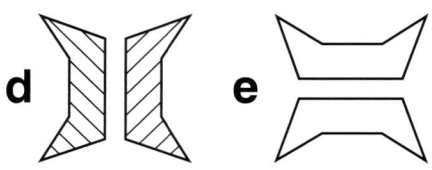

Answer ____

3) Which shape belongs to this family of shapes?

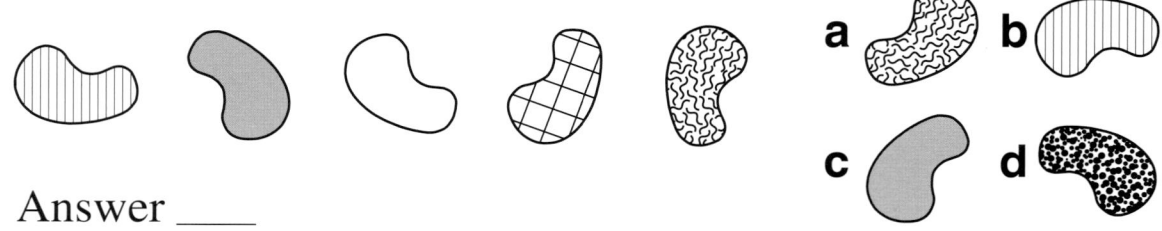

Answer ____

4) Which pair of shapes rotates like the Test Shapes?

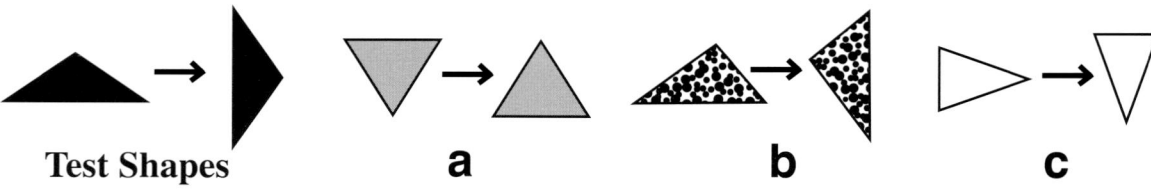

Test Shapes

Answer ____

5) Which pair of shapes does not fit in with the others?

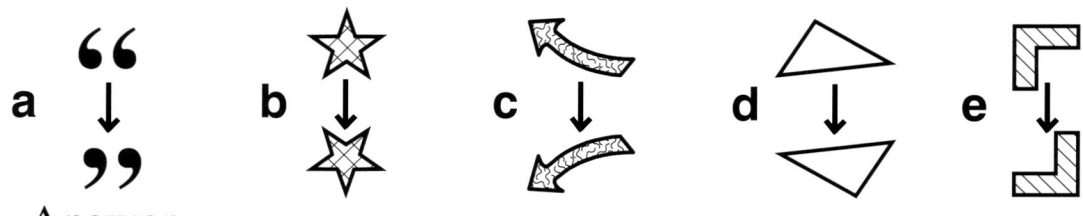

Answer ____

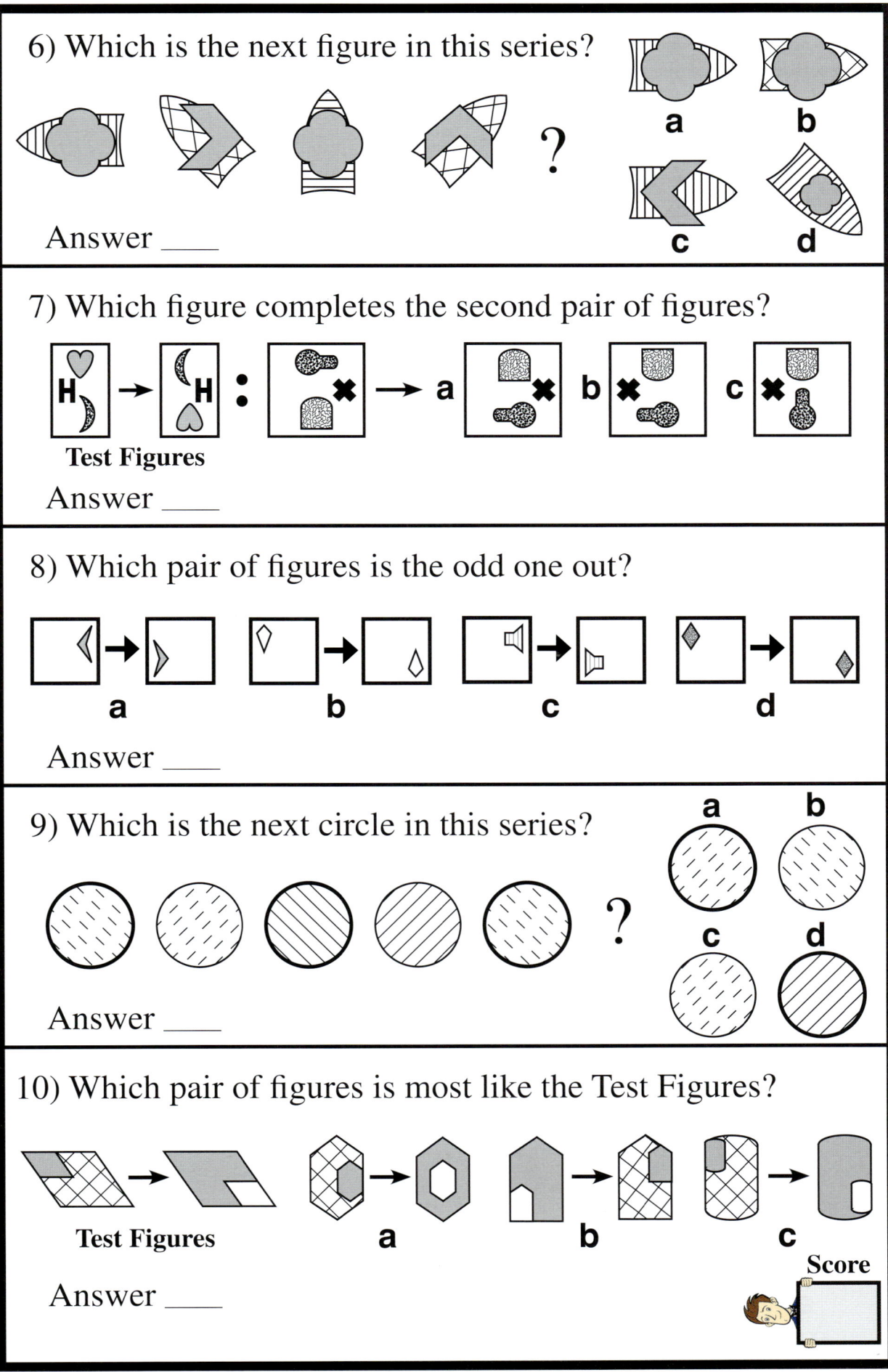

Non-verbal Reasoning Test 7

1) Which pair of shapes rotates like the Test Shapes?

Test Shapes   a   b   c

Answer ____

2) Which shape is the odd one out?

a   b   c   d   e

Answer ____

3) Which figure belongs to this family of figures?

a   b   c   d

Answer ____

4) Which figure is most like the Test Figure?

Test Figure   a   b   c   d

Answer ____

5) Which pair of shapes does not fit in with the others?

a   b   c   d   e

Answer ____

© 2010 Stephen Curran

6) Which is the next shape in this series?

Answer ____

7) Which figure is a reflection of the Test Figure?

Test Figure
Answer ____

8) Which pair of figures does not fit in with the others?

Answer ____

9) Which pair of figures is most like the Test Figures?

Test Figures

Answer ____

10) Which shape is the odd one out?

Answer ____

Score

© 2010 Stephen Curran

15

Non-verbal Reasoning Test 8

1) Which is the next pair of shapes in this series?

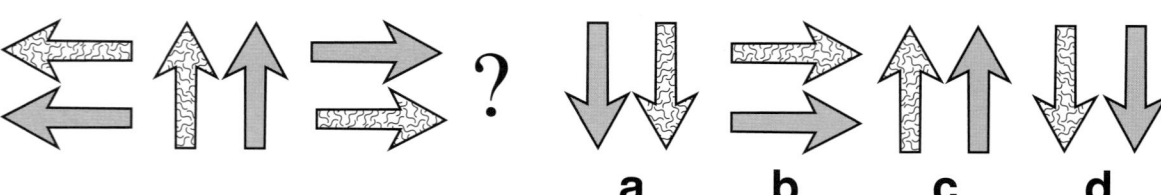

Answer ____

2) Which shape does not fit in with the others?

  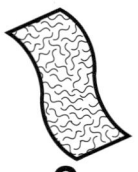 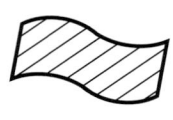

a   b   c   d   e

Answer ____

3) Which shape belongs to this family of shapes?

W Y A B D E F   a H   b Z
                c X   d C

Answer ____

4) Which figure is most like the Test Figure?

 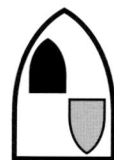 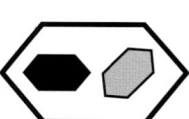  

Test Figure   a   b   c   d

Answer ____

5) Which figure is the odd one out?

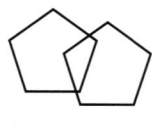    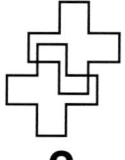

a   b   c   d   e

Answer ____

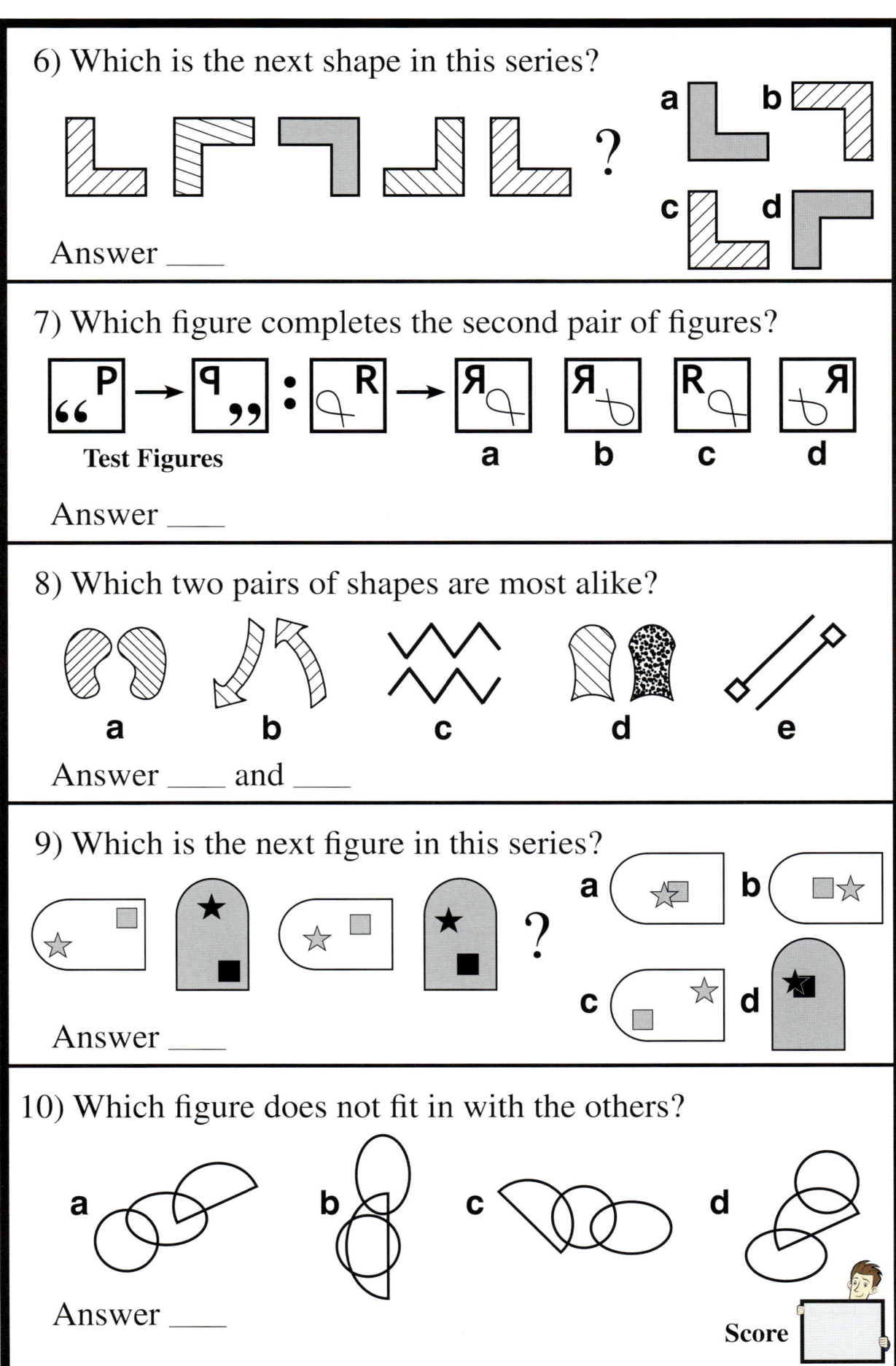

Non-verbal Reasoning Test 9

1) Which is the next shape in this series?

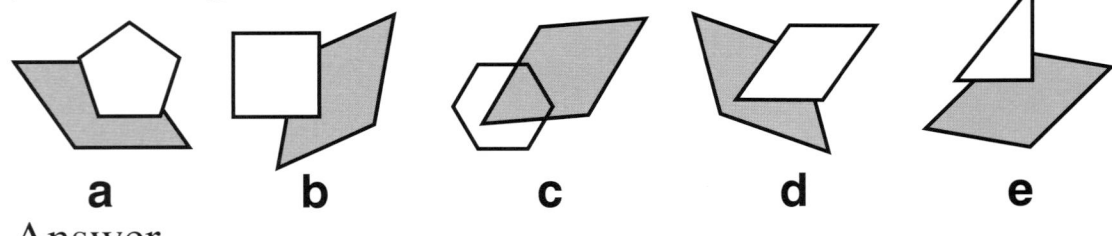

Answer ____

2) Which figure does not fit in with the others?

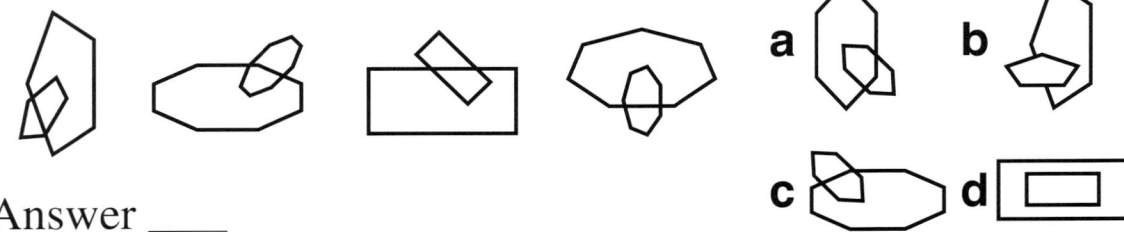

Answer ____

3) Which figure belongs to this family of figures?

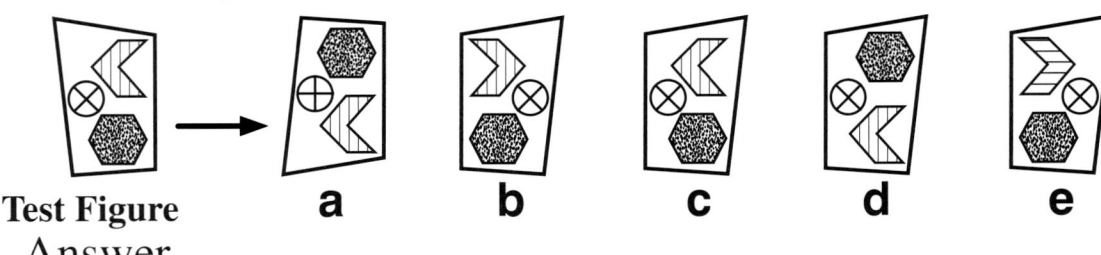

Answer ____

4) Which figure is a reflection of the Test Figure?

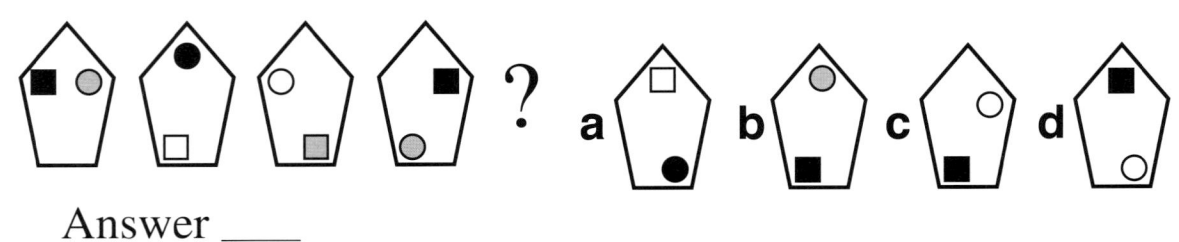

Test Figure
Answer ____

5) Which is the next figure in this series?

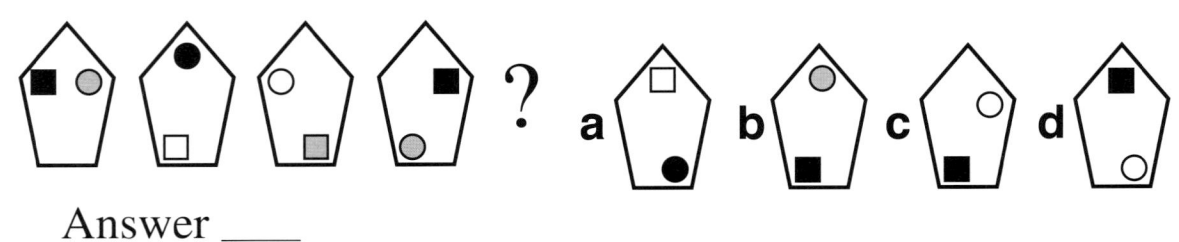

Answer ____

© 2010 Stephen Curran

6) Which is the next shape in this series?

Answer ____

7) Which pair of figures is most like the Test Figures?

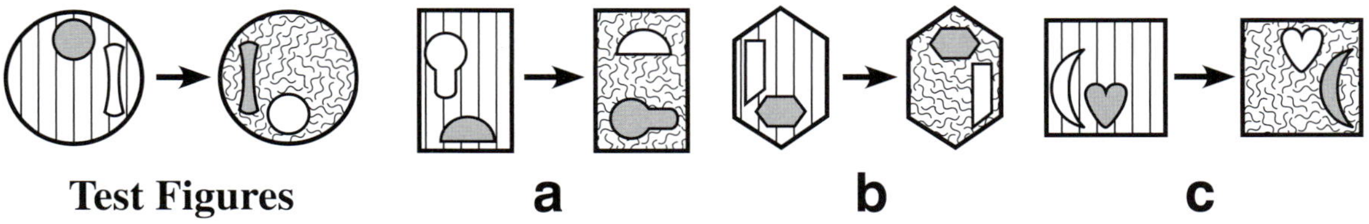

Test Figures

Answer ____

8) Which is the next figure in this series?

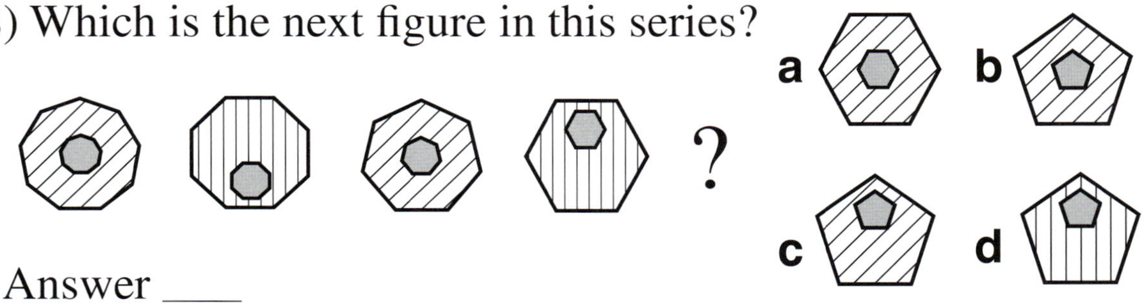

Answer ____

9) Which is the next figure in this series?

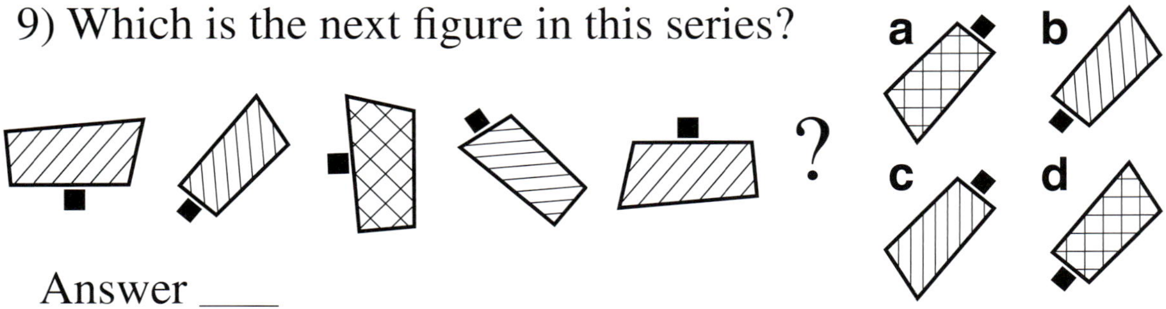

Answer ____

10) Which figure does not fit in with the others?

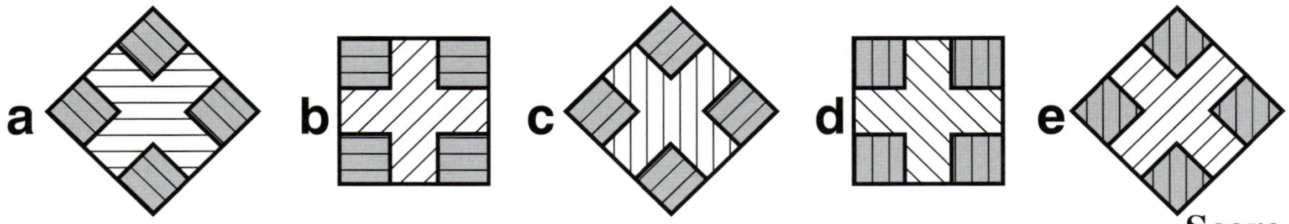

Answer ____

Score

Non-verbal Reasoning Test 10

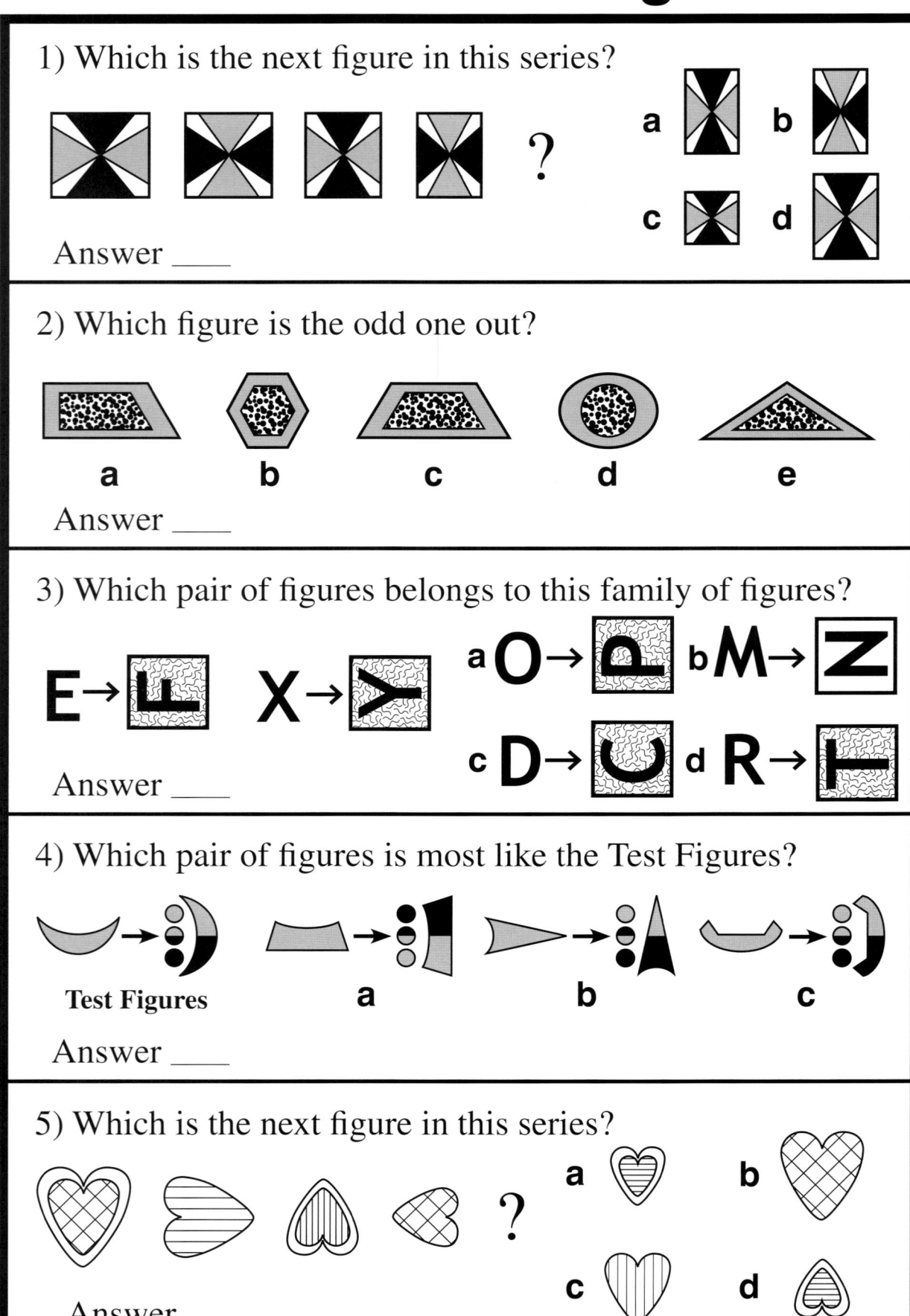

6) Which is the next shape in this series?

Answer ____

7) Which figure does not fit in with the others?

Answer ____

8) Which figure belongs to this family of figures?

Answer ____

9) Which two pairs of shapes are most alike?

Answer ____ and ____

10) Which figure does not fit in with the others?

Answer ____

Score

Non-verbal Reasoning Test 11

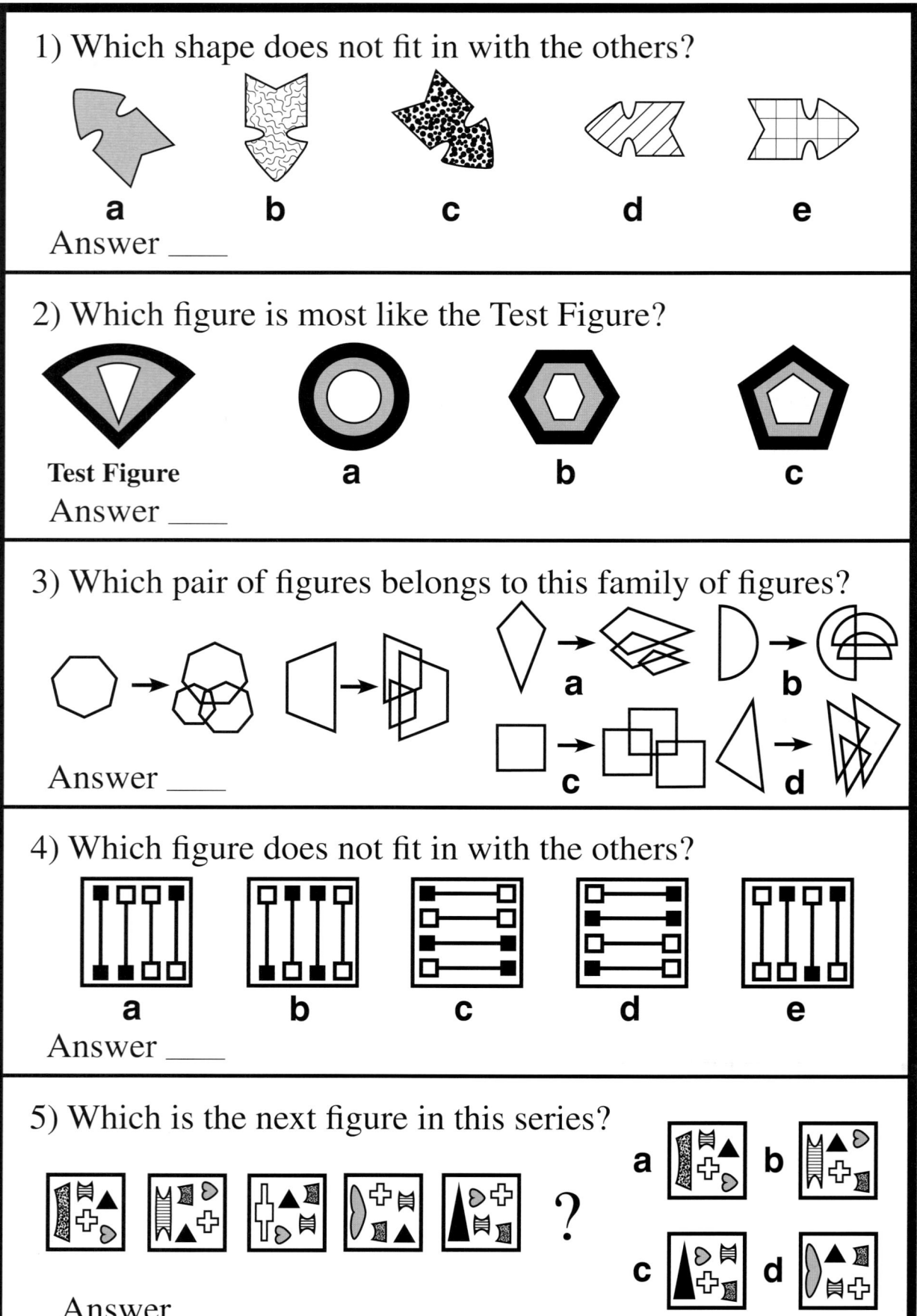

22 © 2010 Stephen Curran

6) Which pair of figures does not fit in with the others?

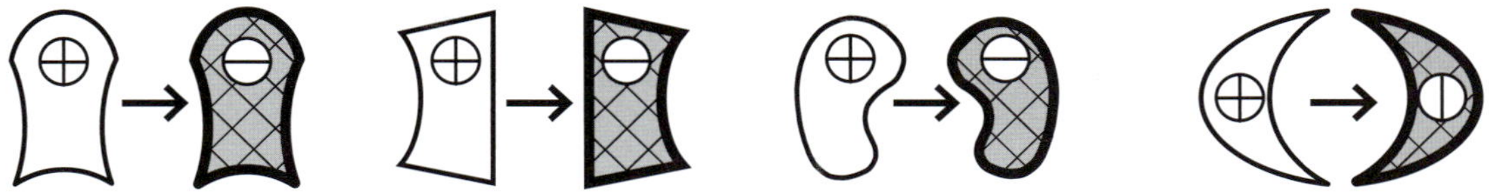

a   b   c   d

Answer ____

7) Which pair of figures is most like the Test Figures?

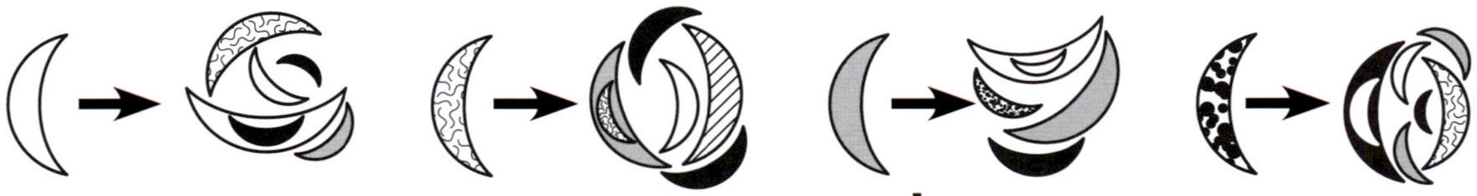

Test Figures   a   b   c

Answer ____

8) Which pair of figures is the odd one out?

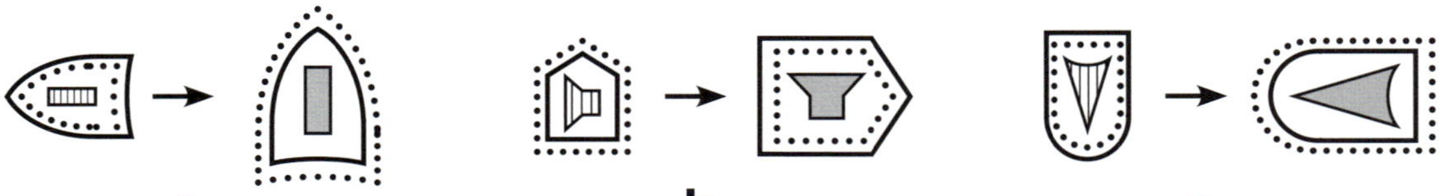

a   b   c

Answer ____

9) Which is the next figure in this series?

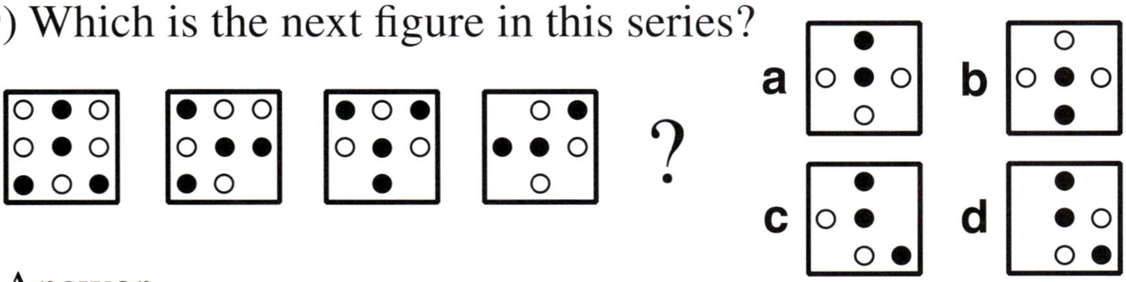

a   b   c   d

Answer ____

10) Which pair of figures does not fit in with the others?

a   b   c   d

Answer ____

Score

Non-verbal Reasoning Test 12

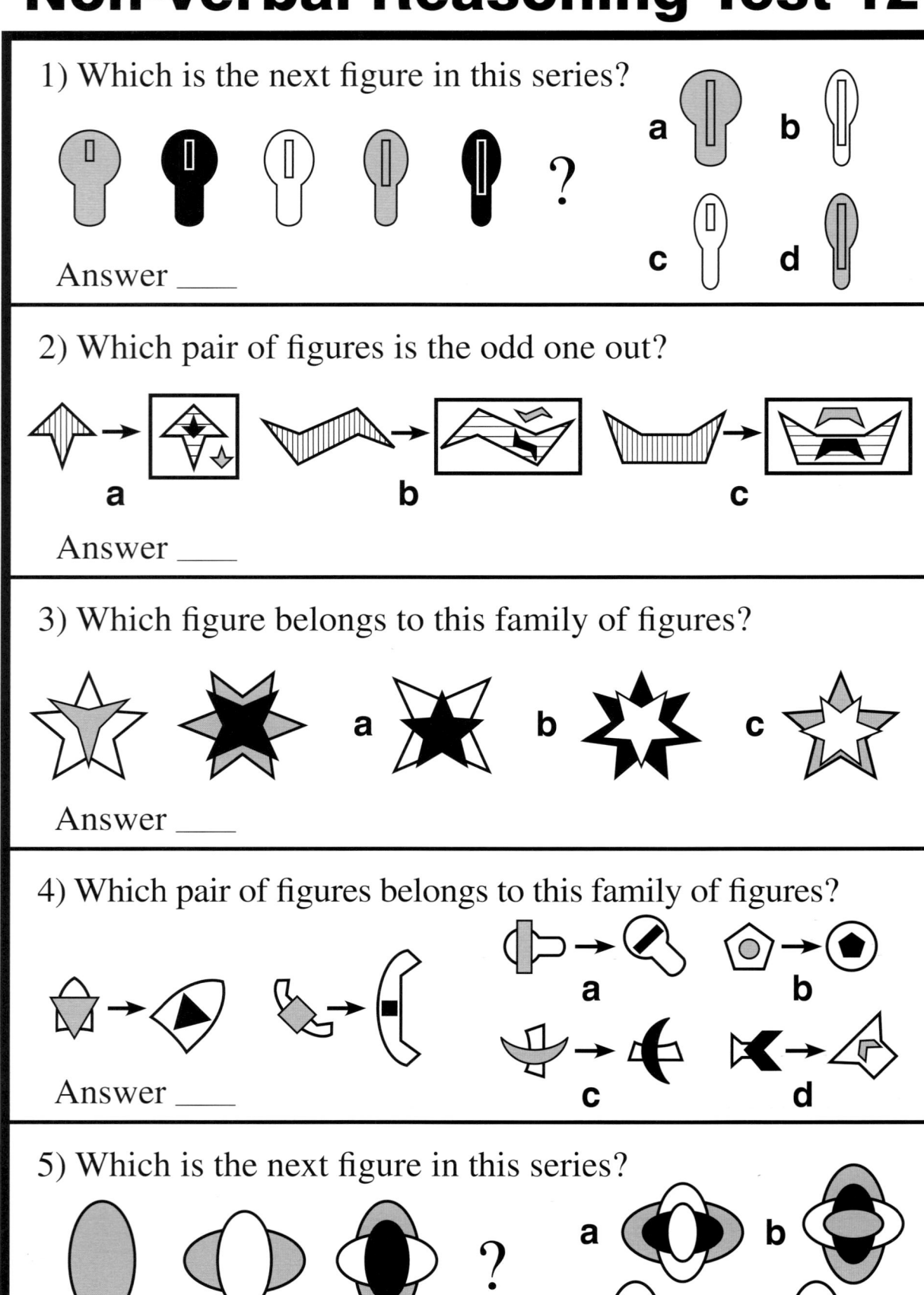

6) Which pair of figures is the odd one out?

Answer ____

7) Which pair of figures is most like the Test Figures?

Test Figures   a   b   c

Answer ____

8) Which two figures are most alike?

a   b   c   d   e

Answer ____ and ____

9) Which figure is next in this series?

Answer ____

10) Which pair of figures does not fit in with the others?

a   b   c   d

Answer ____

Score

Non-verbal Reasoning Test 13

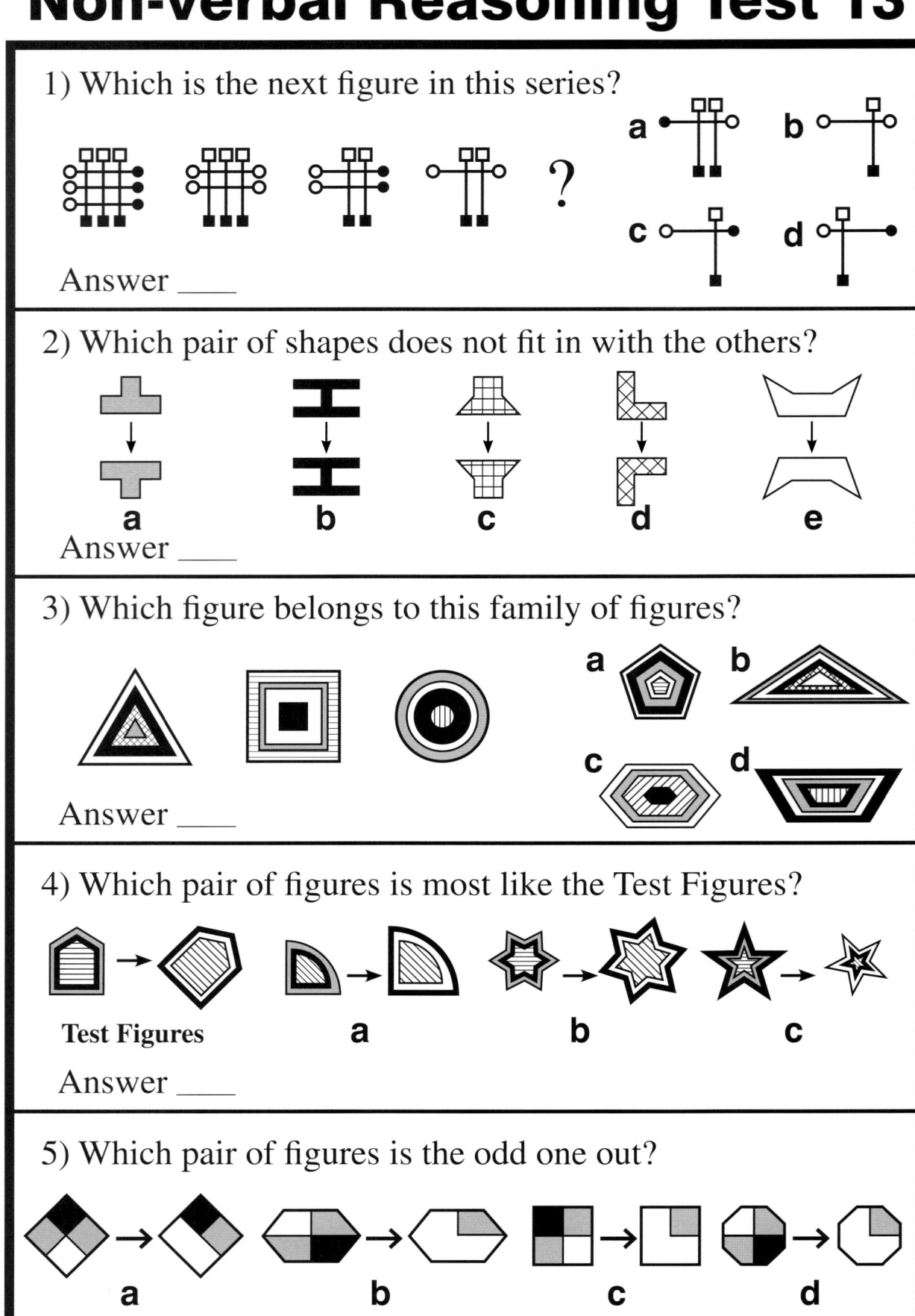

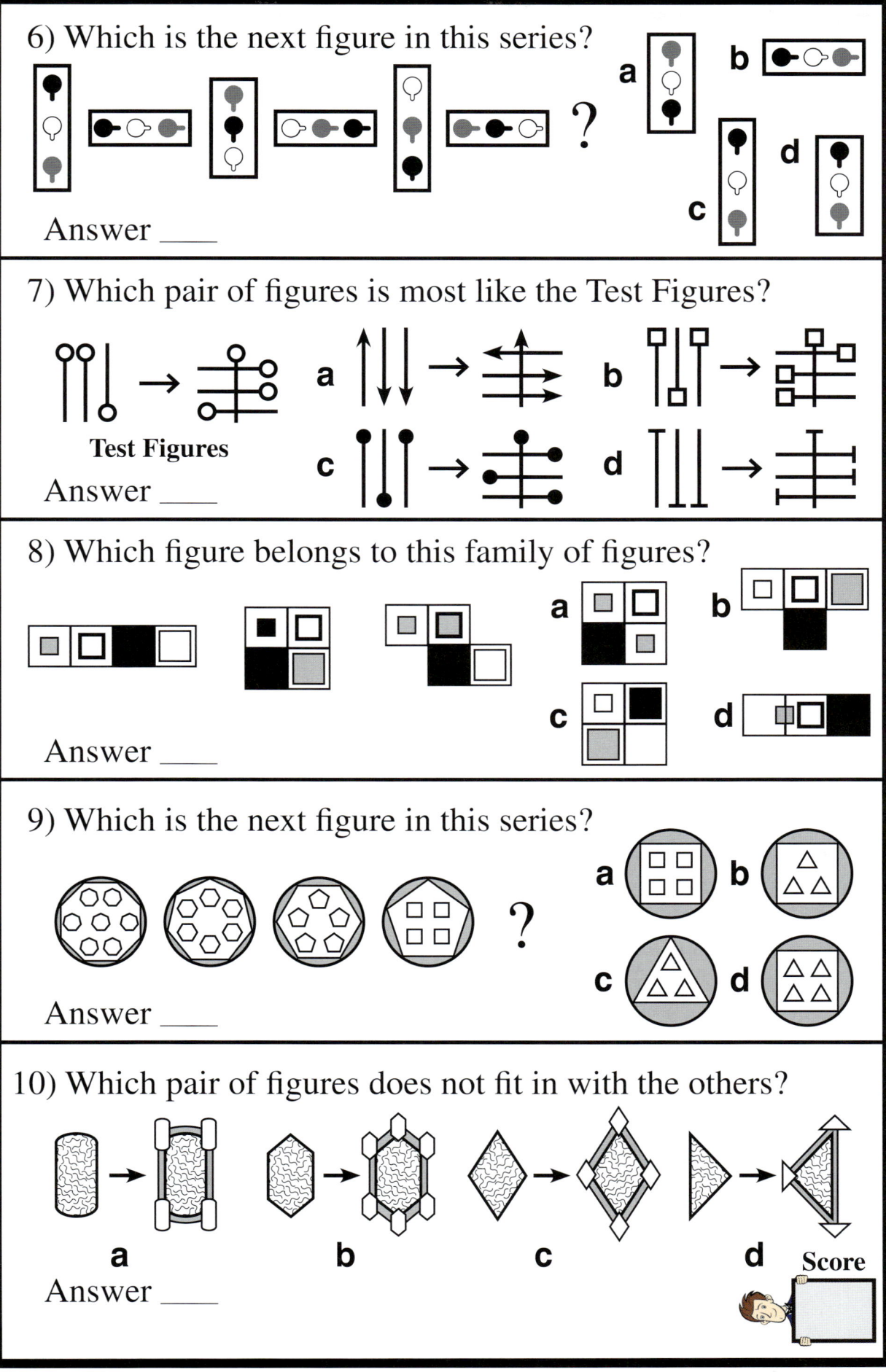

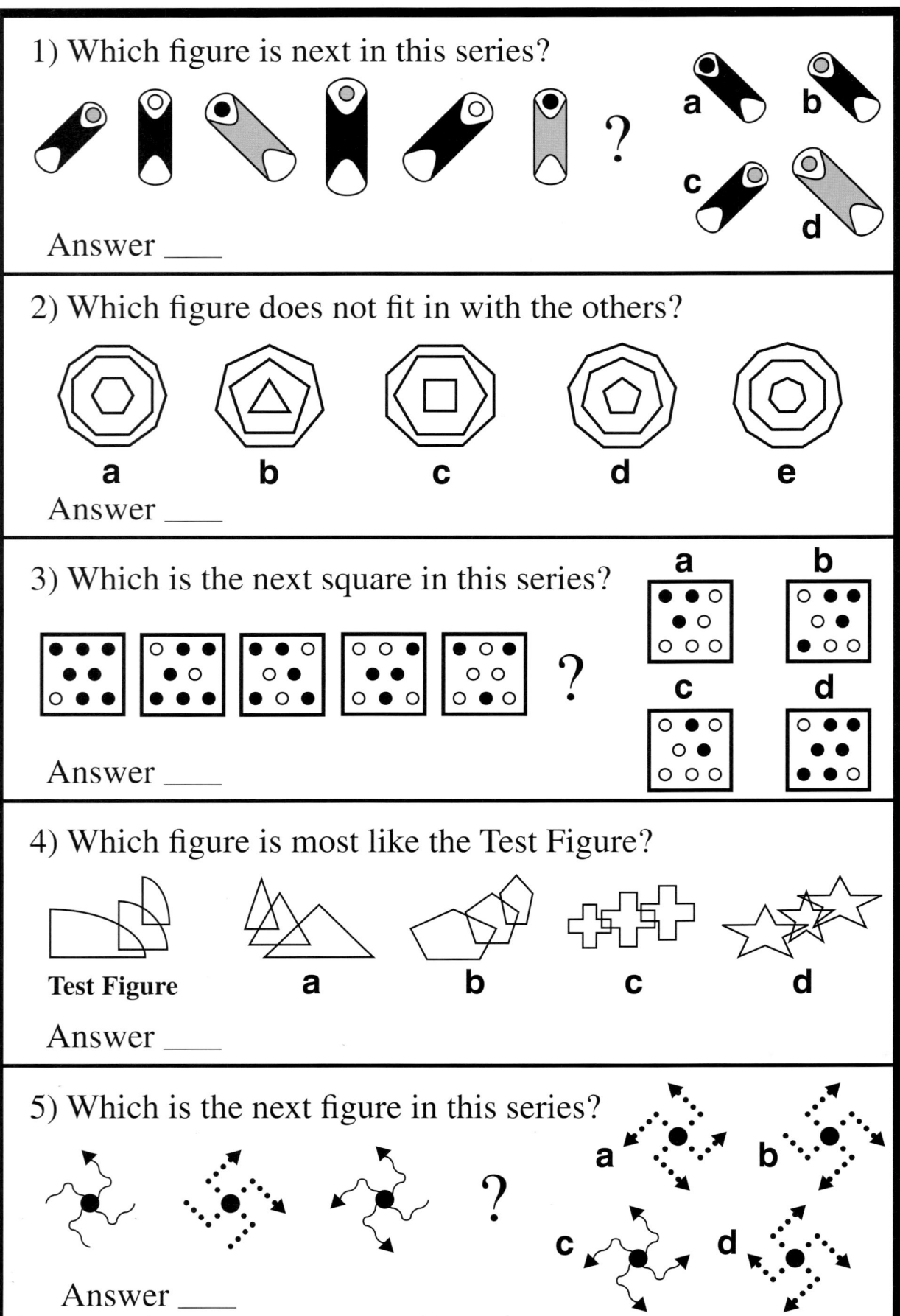

6) Which pair of figures does not fit in with the others?

a b c d

Answer ____

7) Which pair of figures is most like the Test Figures?

Test Figures   a   b   c

Answer ____

8) Which pair of figures does not fit in with the others?

a b c d

Answer ____

9) Which figure belongs to this family of figures?

a b c

Answer ____

10) Which figure does not fit in with the others?

a b c d e

Answer ____

Score

Non-verbal Reasoning Test 15

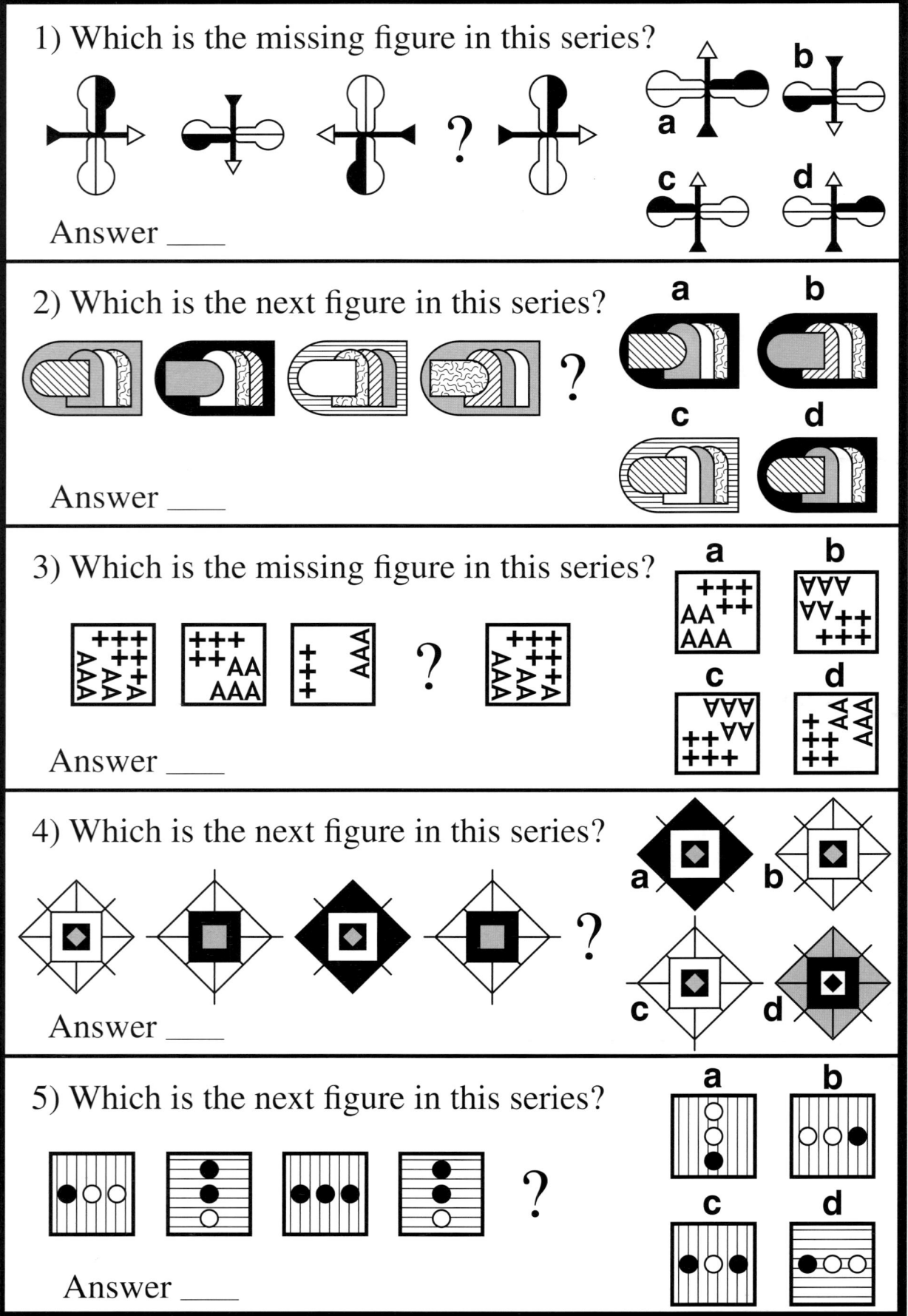

6) Which is the next figure in this series?

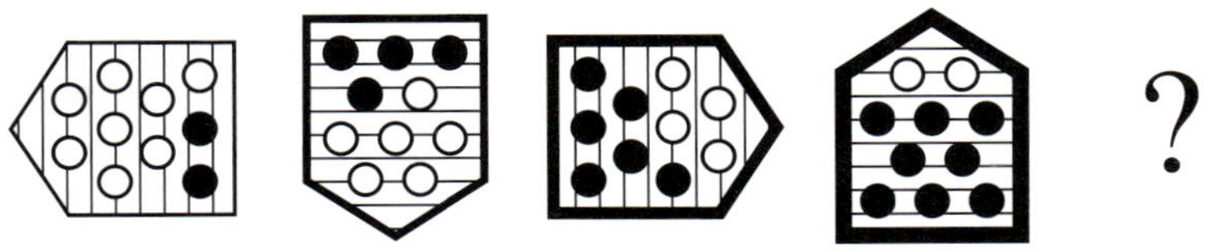

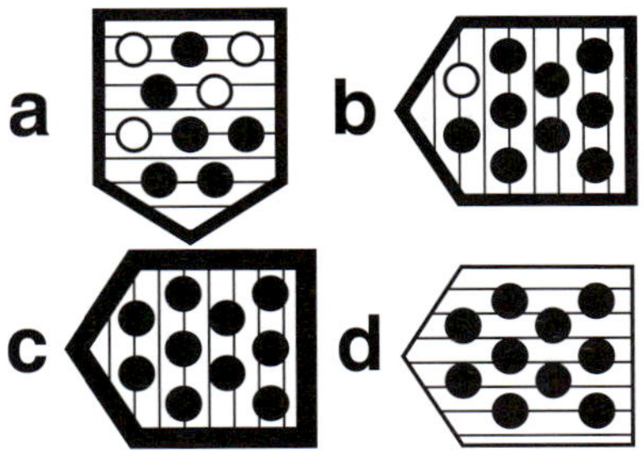

Answer ____

7) Which is the missing figure in this series?

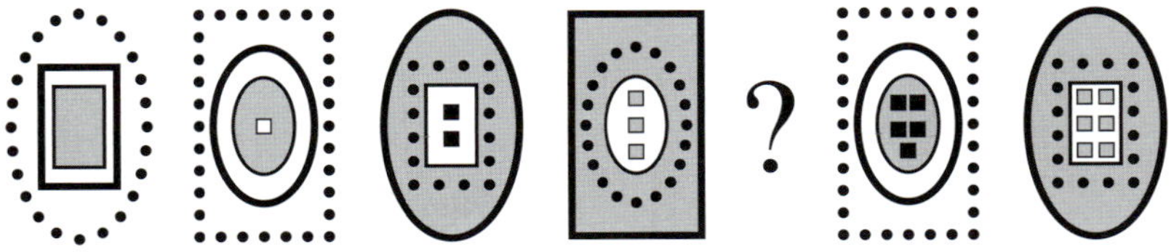

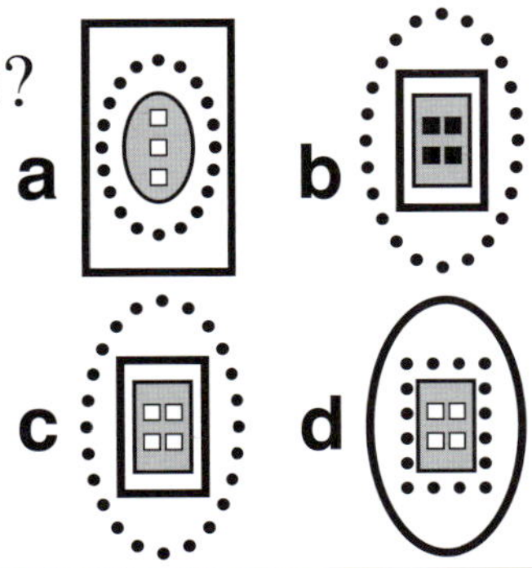

Answer ____

8) Which is the first figure in this series?

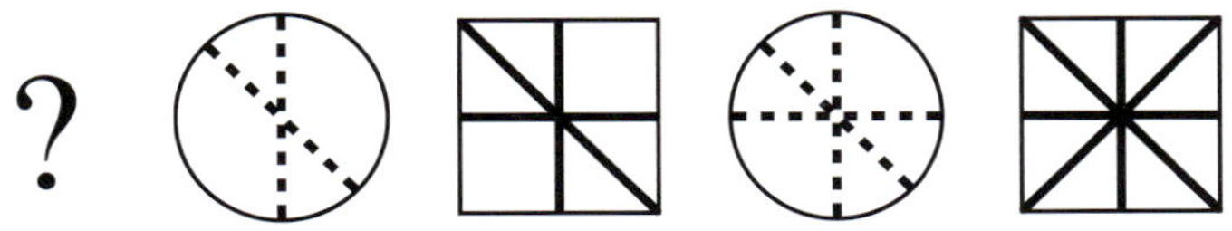

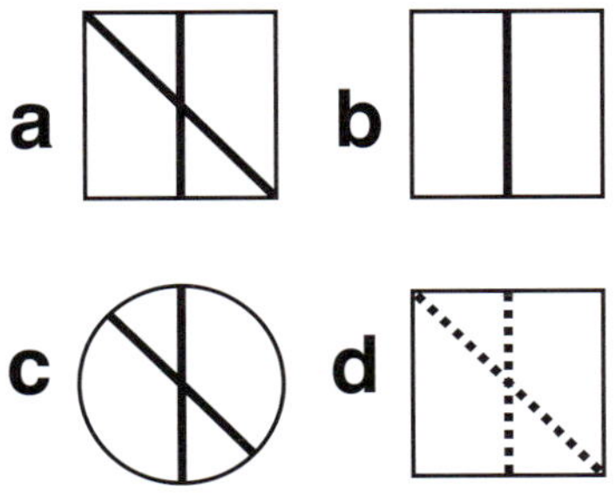

Answer ____

9) Which is the next figure in this series?

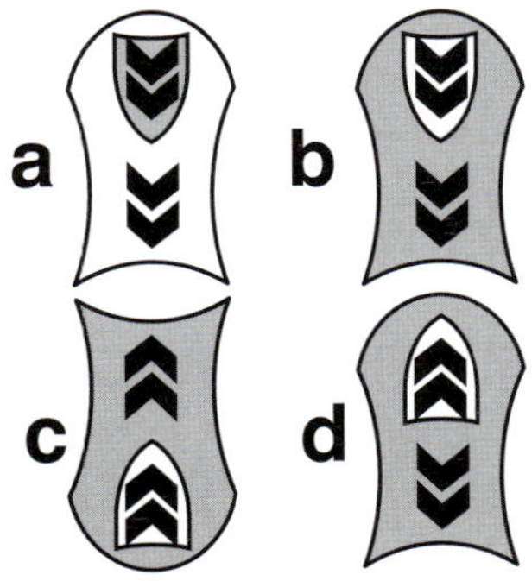

Answer ____

10) Which is the first figure in this series?

Answer ____

Score

Non-verbal Reasoning Test 16

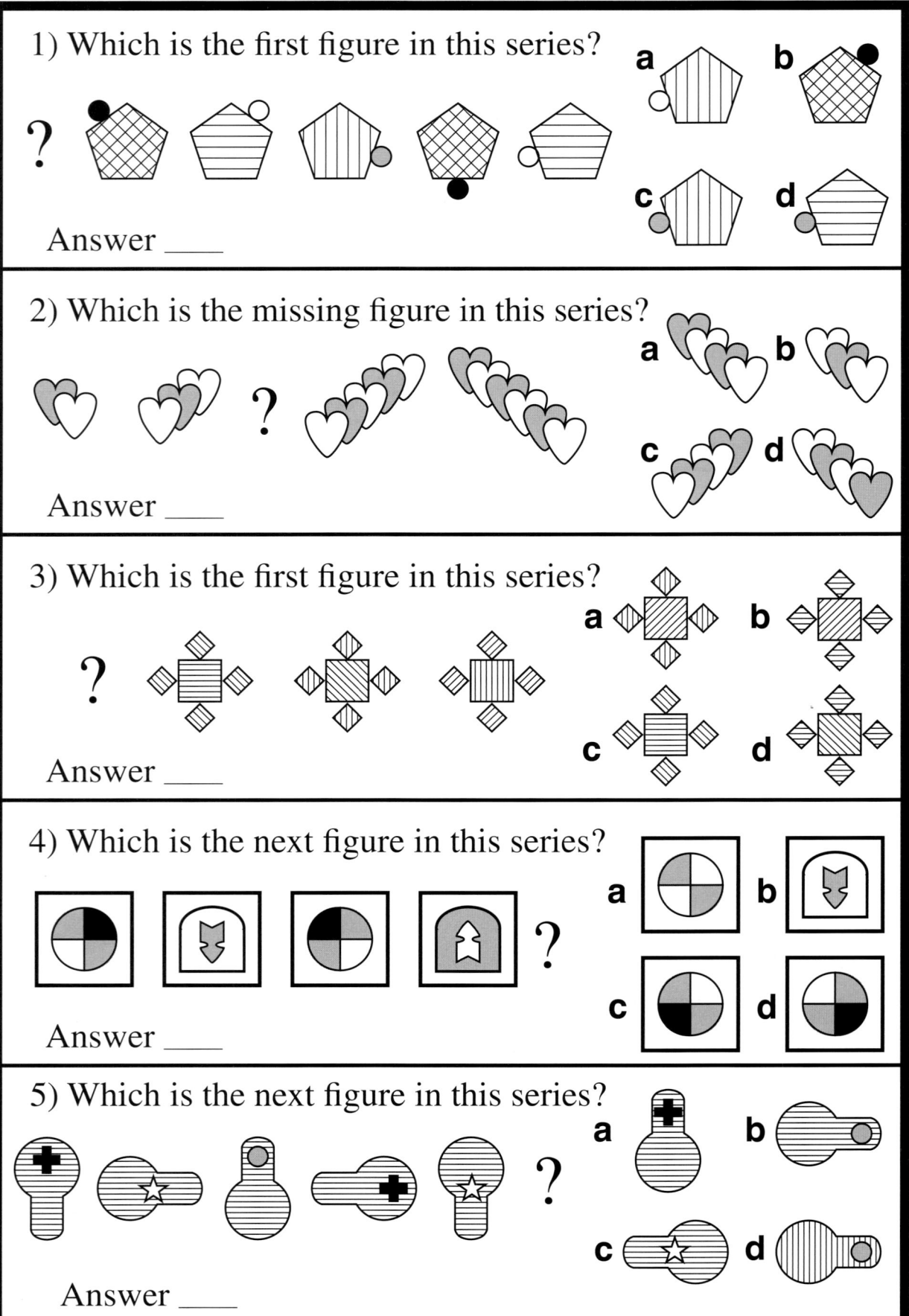

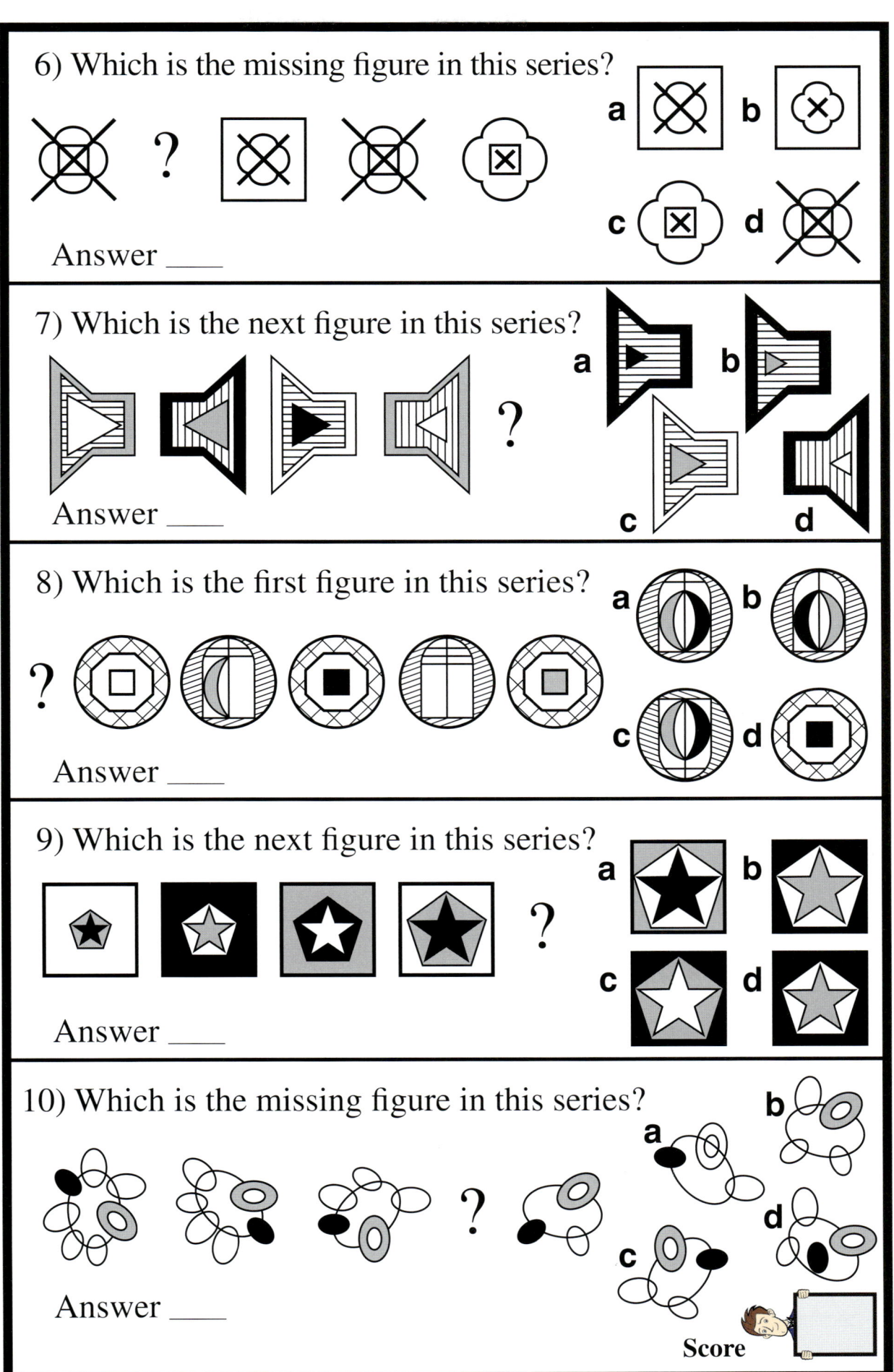

Non-verbal Reasoning Test 17

Odd One Out

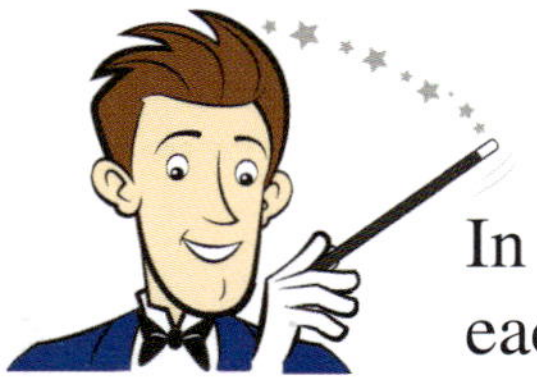

In each of the rows below there are five figures. Find one figure in each row that is **most unlike** the other four.

Example

a b c (d) e

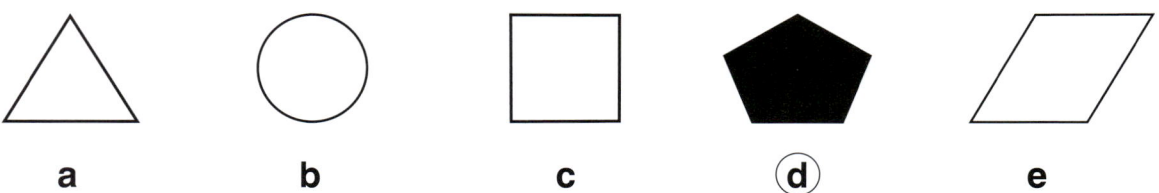

Now do the questions below. Circle the correct answer.

1)

a b c d e

2)

a b c d e

3)

a b c d e

4)

a b c d e

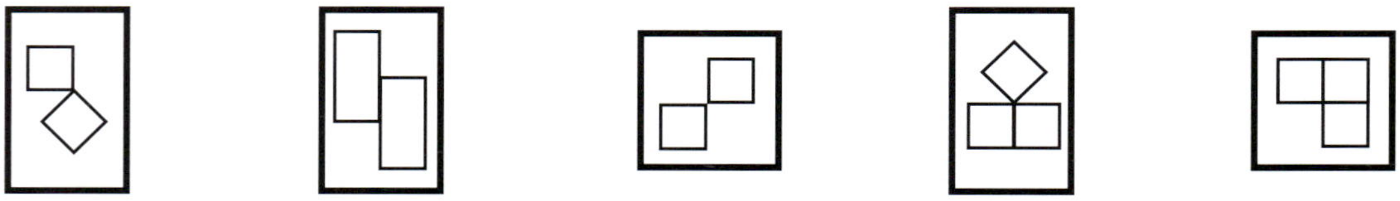

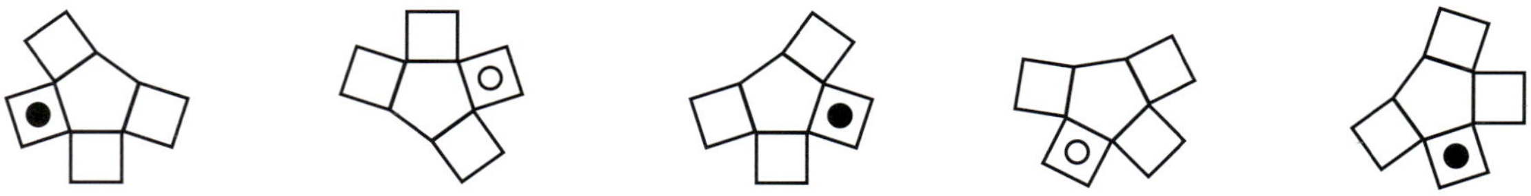

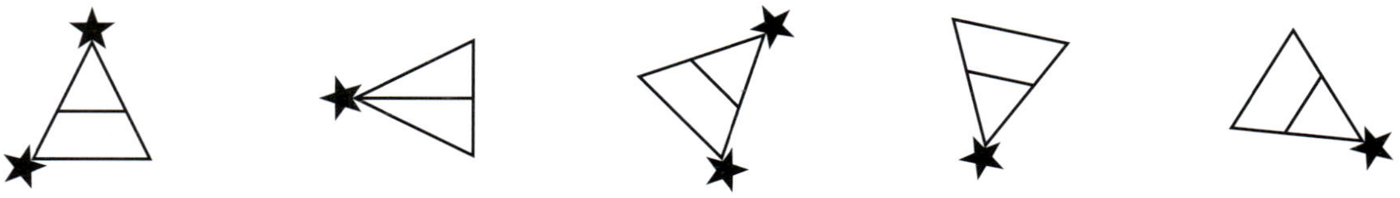

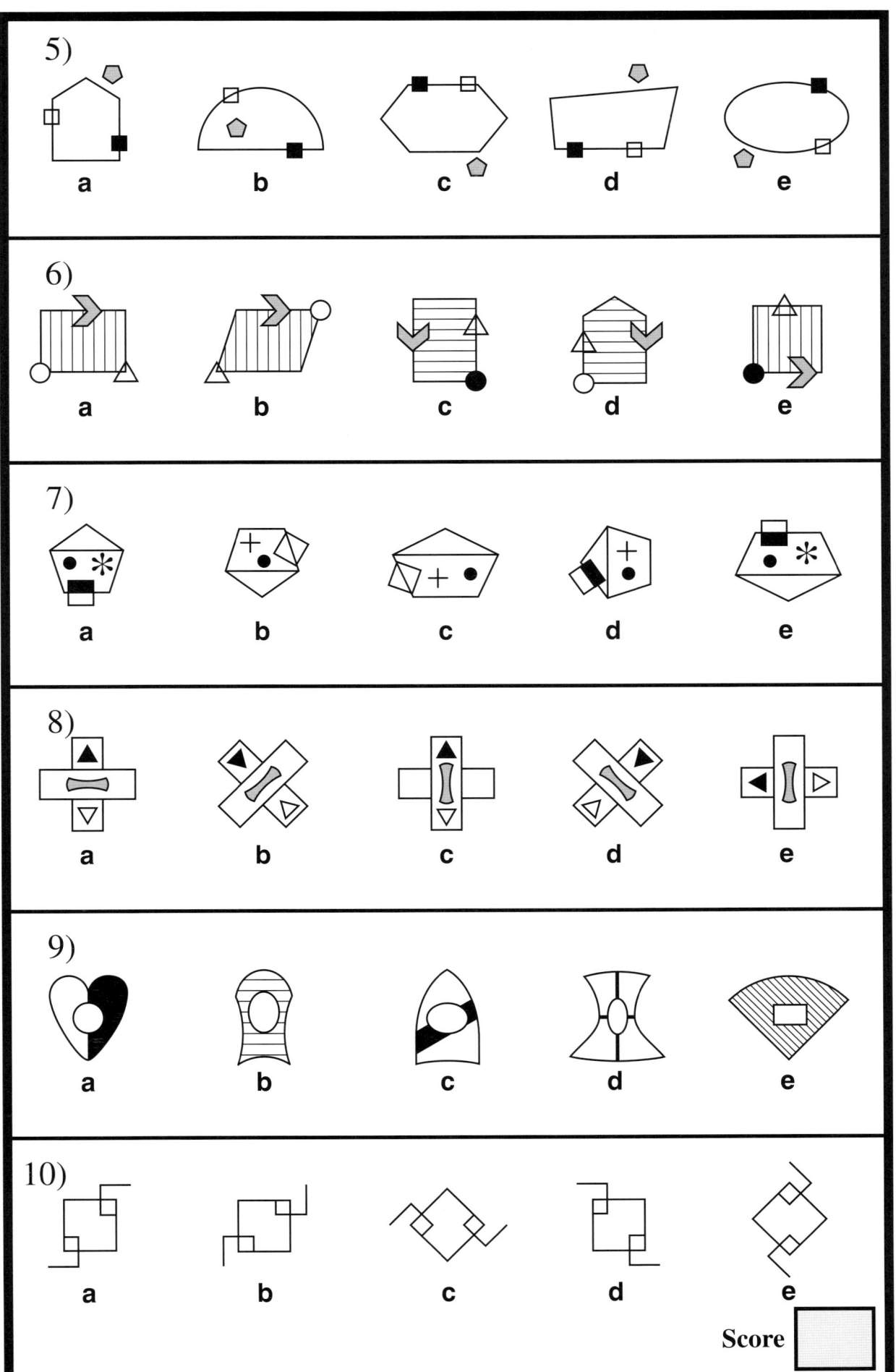

Non-verbal Reasoning Test 18

Codes

The following shapes correspond to the codes below them. You must decide how the code letters go with the shapes and then find the correct code for the Test Shape.

Example

AR BS BT

TEST SHAPE

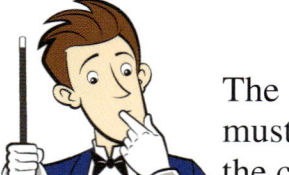

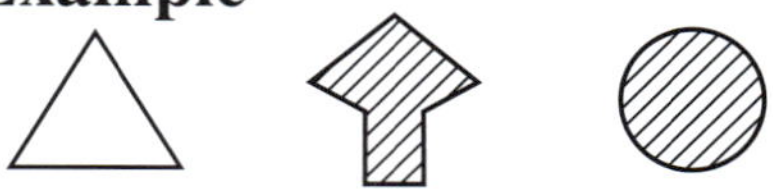

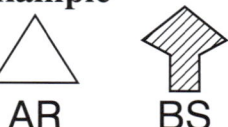

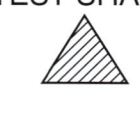

BR	AS	AT	BS	AR
(a)	b	c	d	e

The first letter stands for the type of fill: **A** - White Fill; **B** - Shaded Fill.
The second letter stands for each shape: **R** - Triangle; **S** - Arrow; **T** - Circle.
The answer is **BR**: **B** for Shaded Fill; **R** for Triangle.
Now do the questions below. Circle the correct answer.

1)

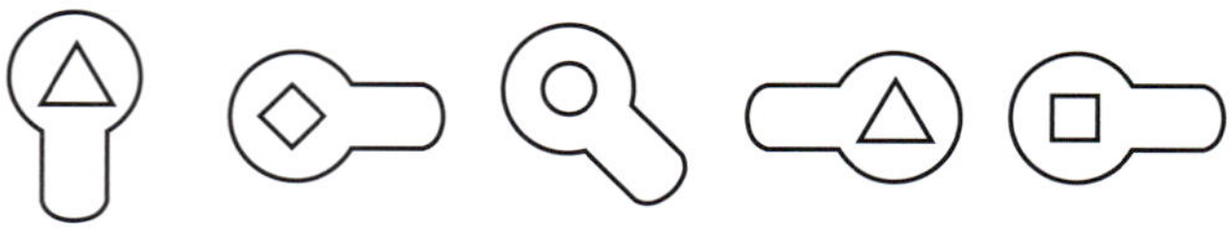

JA KB LC MA KD

TEST SHAPE

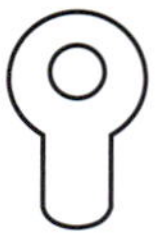

KC	LA	JD	JC	MB
a	b	c	d	e

2)

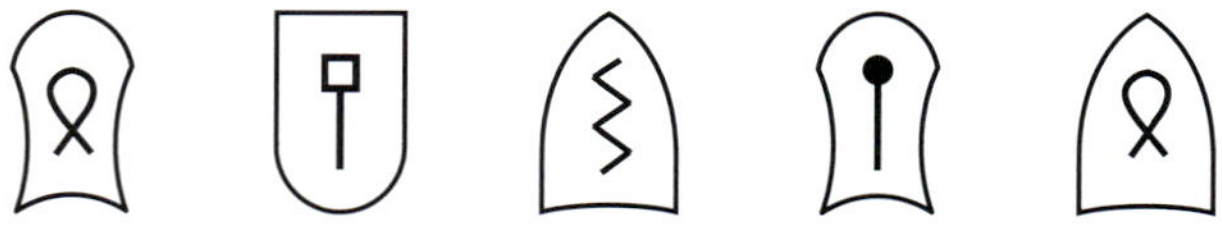

XS YT WR XQ WS

TEST SHAPE

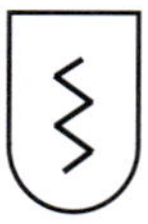

YR	WT	XT	YS	XR
a	b	c	d	e

3)

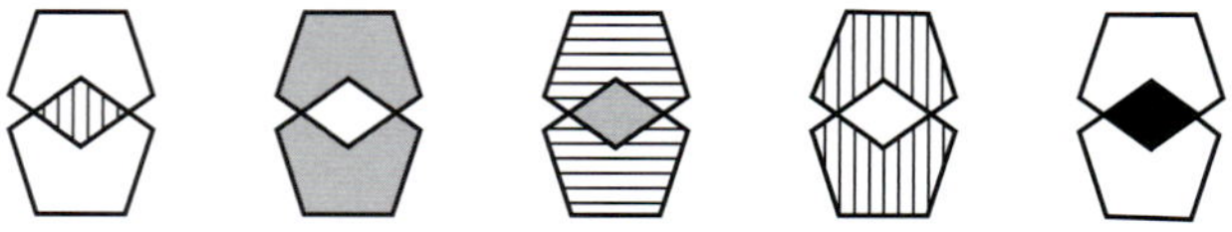

GZ EY FX HY GW

TEST SHAPE

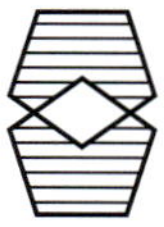

GY	FY	EY	EX	FZ
a	b	c	d	e

4)

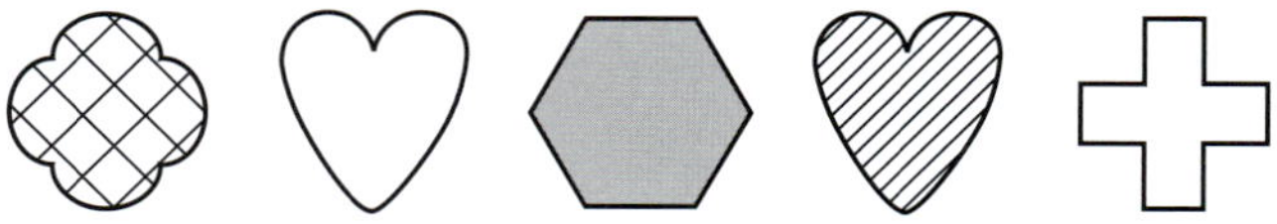

DL BM CN BK AM

TEST SHAPE

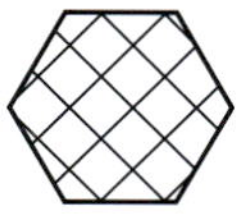

BN	CK	DN	AL	CL
a	b	c	d	e

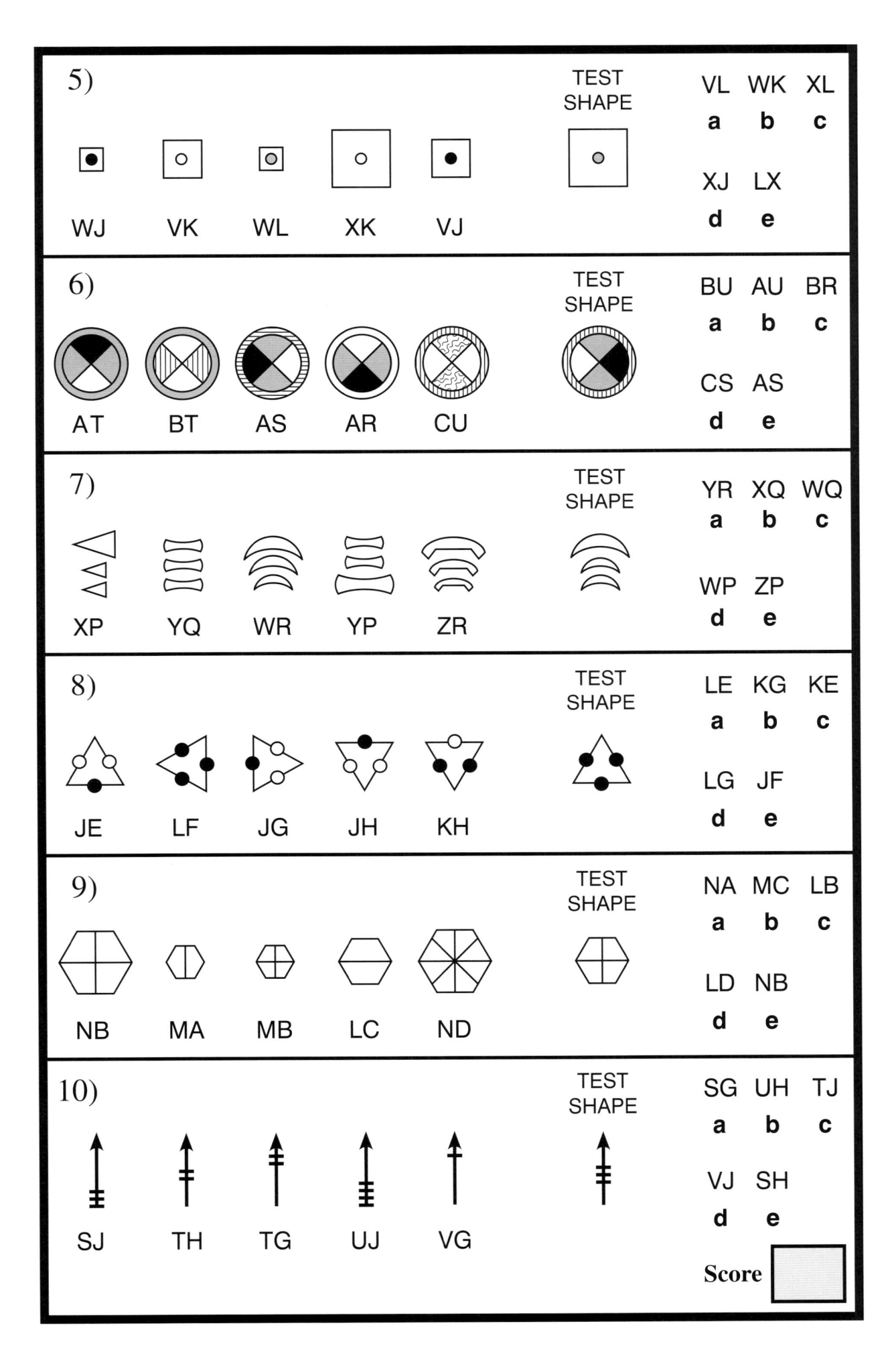

5)

					TEST SHAPE	VL **a**	WK **b**	XL **c**
▫	▫	▫	▫	▫	▫	XJ **d**	LX **e**	
WJ	VK	WL	XK	VJ				

6)

					TEST SHAPE	BU **a**	AU **b**	BR **c**
AT	BT	AS	AR	CU		CS **d**	AS **e**	

7)

					TEST SHAPE	YR **a**	XQ **b**	WQ **c**
XP	YQ	WR	YP	ZR		WP **d**	ZP **e**	

8)

					TEST SHAPE	LE **a**	KG **b**	KE **c**
JE	LF	JG	JH	KH		LG **d**	JF **e**	

9)

					TEST SHAPE	NA **a**	MC **b**	LB **c**
NB	MA	MB	LC	ND		LD **d**	NB **e**	

10)

					TEST SHAPE	SG **a**	UH **b**	TJ **c**
SJ	TH	TG	UJ	VG		VJ **d**	SH **e**	

Score

© 2010 Stephen Curran

37

Non-verbal Reasoning Test 19
Analogies

On the left of each row are two shapes with an arrow between them. Decide how the second shape is related to the first. After these there is a third shape, then an arrow and then five more shapes. Decide which of the five shapes goes with the third shape to make a pair like the two shapes on the left.

Example

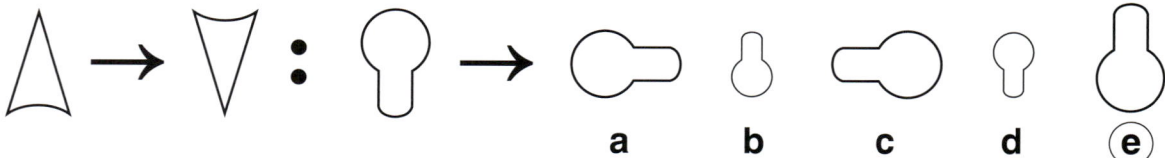

Now do the questions below. Circle the correct answer.

1)

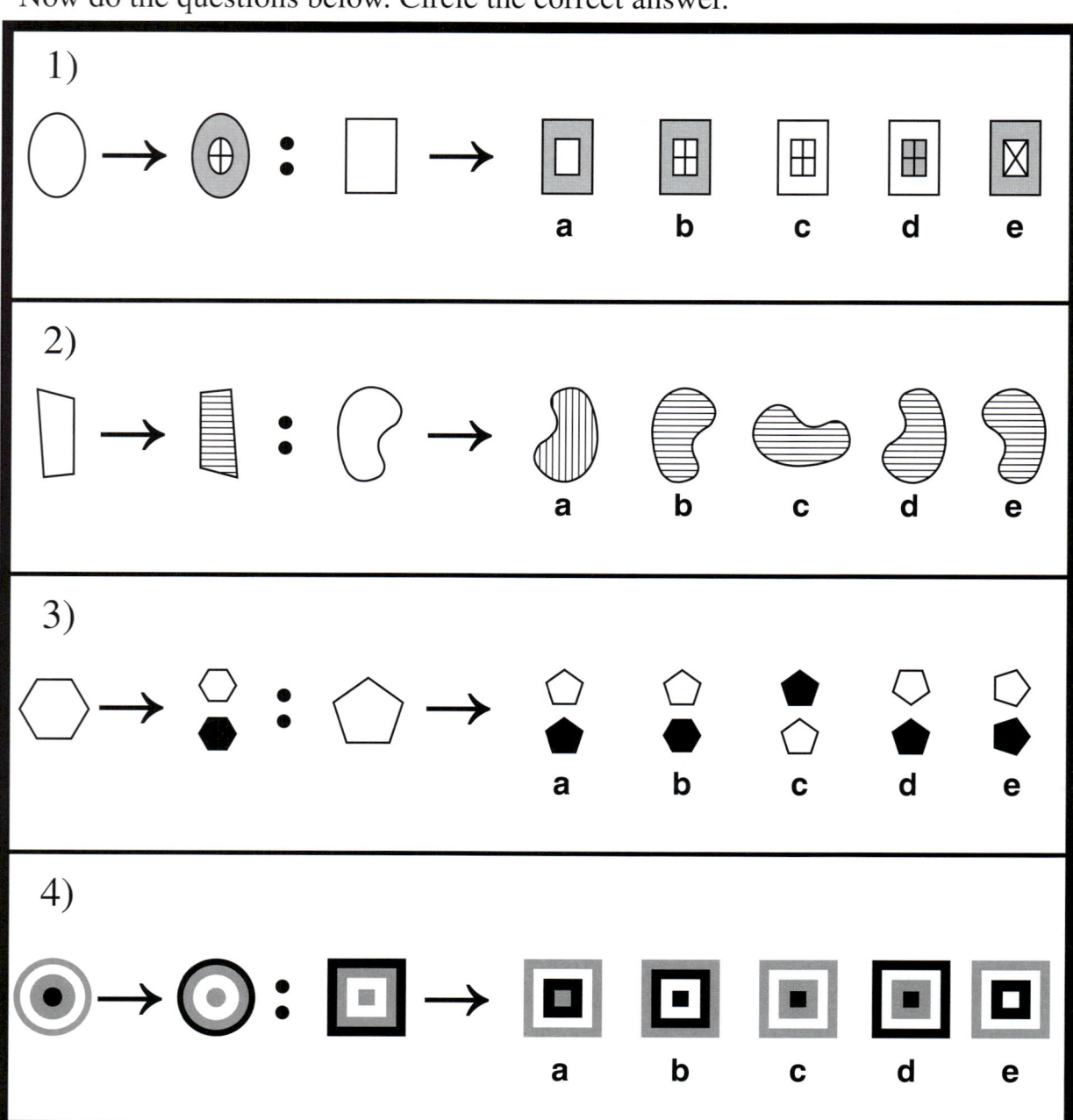

2)

3)

4)

38 © 2010 Stephen Curran

5)
6)
7)
8)
9)
10)

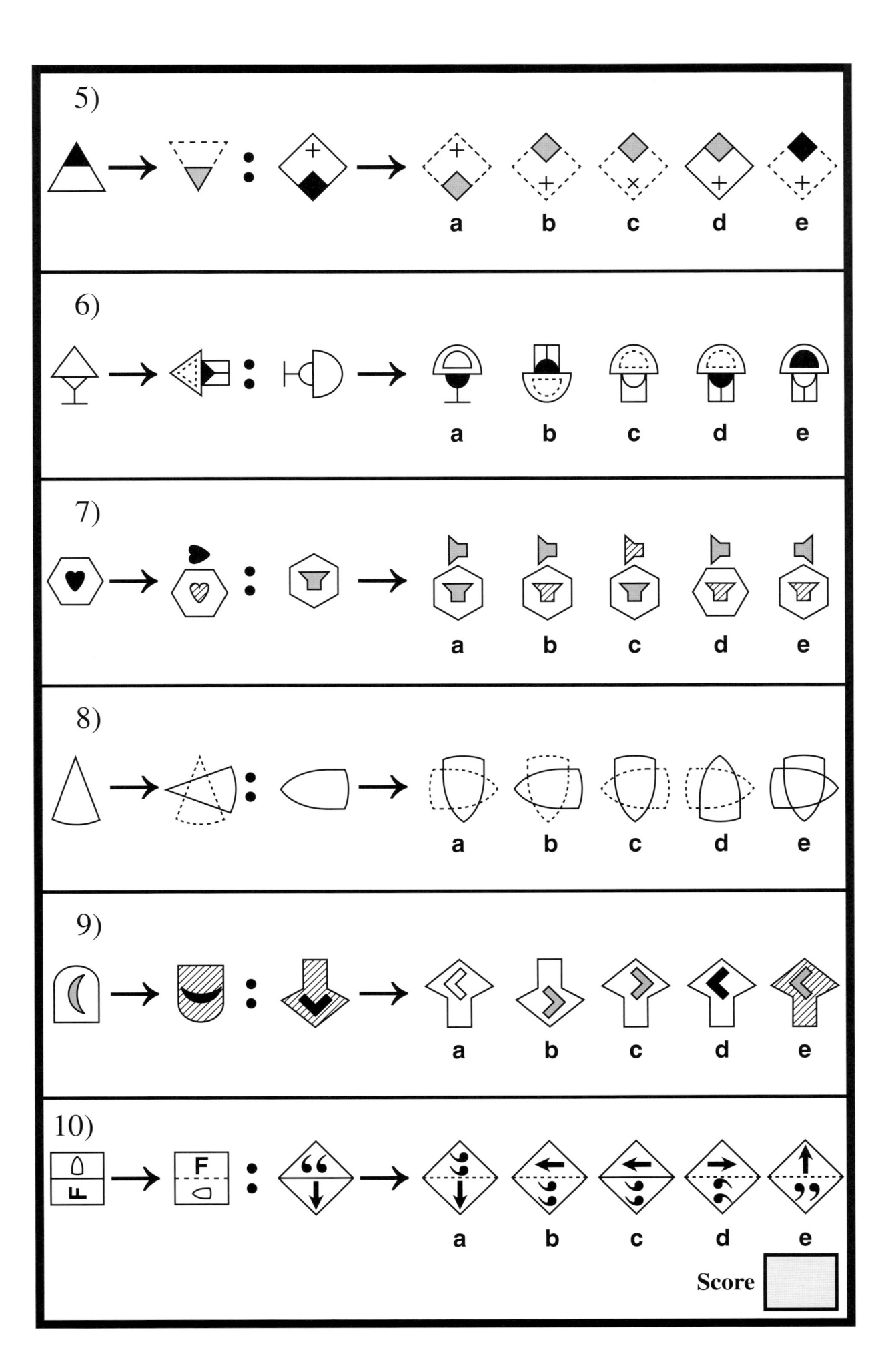

Score

Non-verbal Reasoning Test 20
Similarities

On the left of each of the rows below there are two figures that are alike. On the right there are five more figures. Find which one of these five is **most like** the two figures on the left.

Example

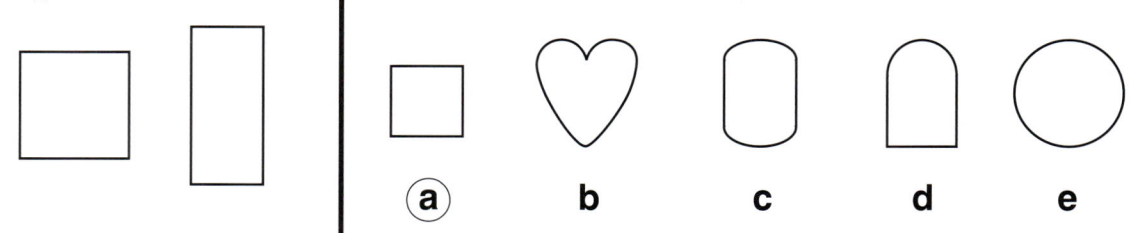

a   b   c   d   e

Now do the questions below. Circle the correct answer.

1)   a   b   c   d   e

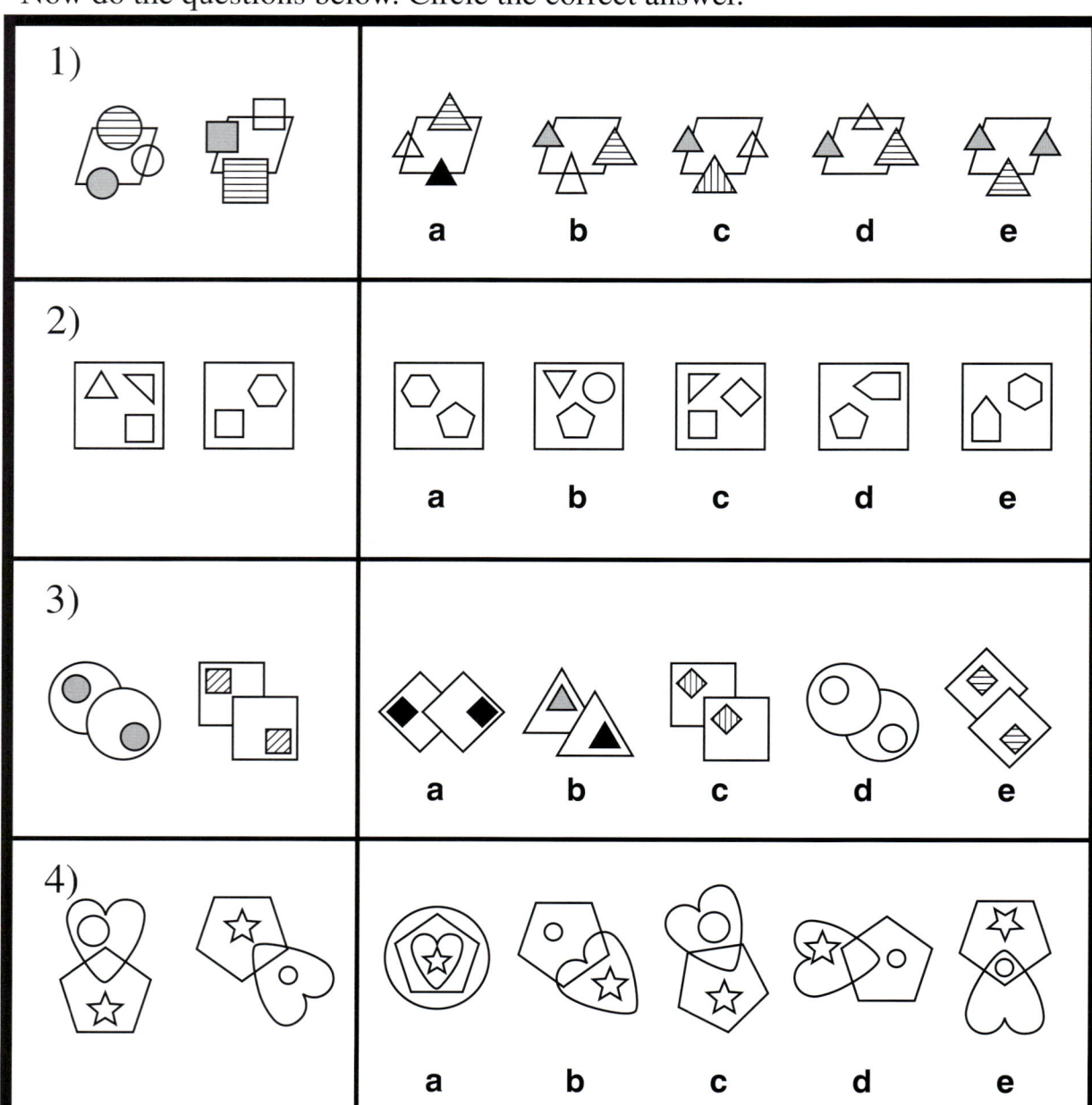

2)   a   b   c   d   e

3)   a   b   c   d   e

4)   a   b   c   d   e

40 © 2010 Stephen Curran

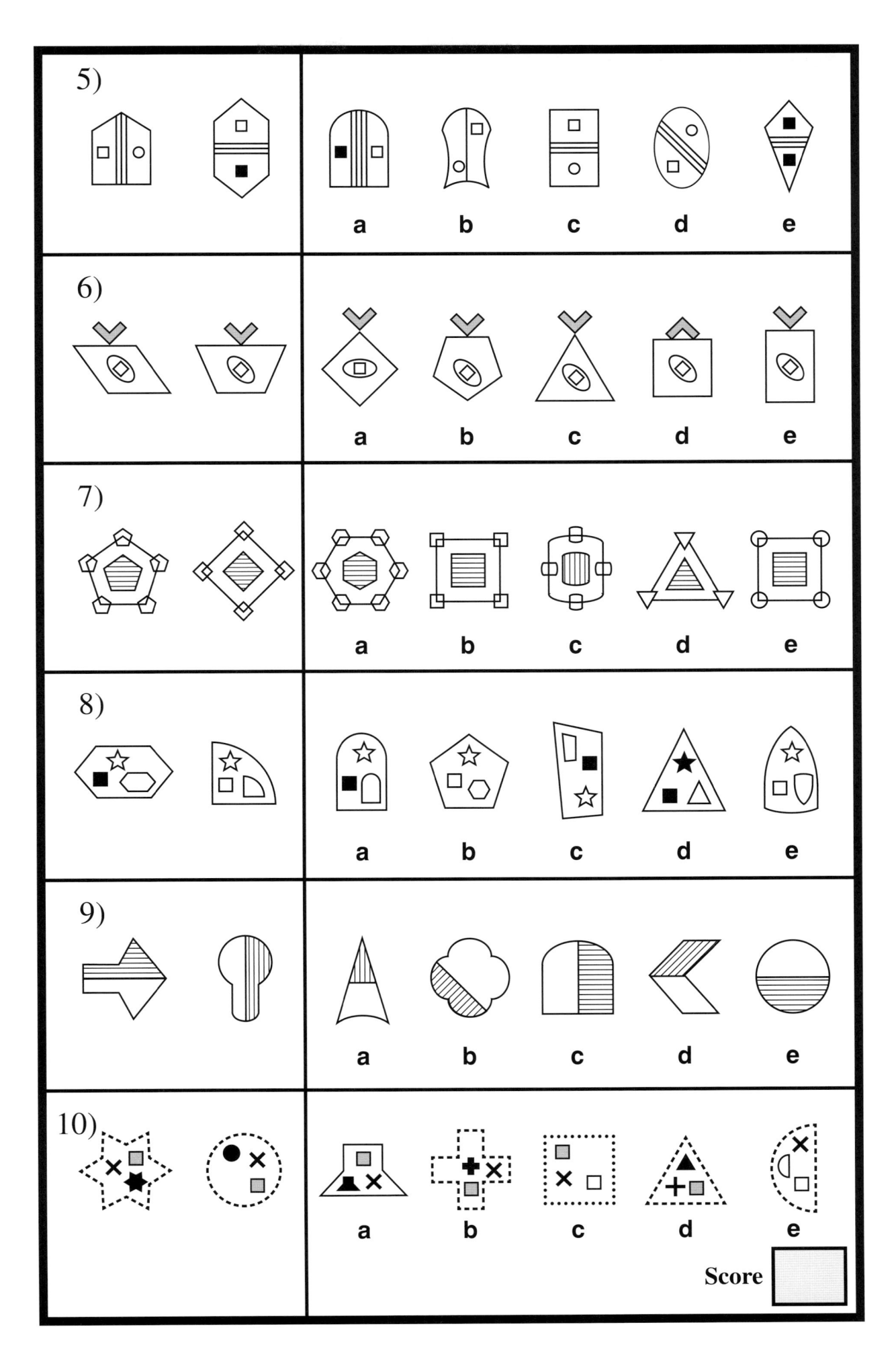

5)

6)

7)

8)

9)

10)

Score

Non-verbal Reasoning Test 21
Series

To the left of each of the lines below there are five squares arranged in order. One of these squares has been left empty. Find which one of the five squares on the right should take the place of the empty square.

Example

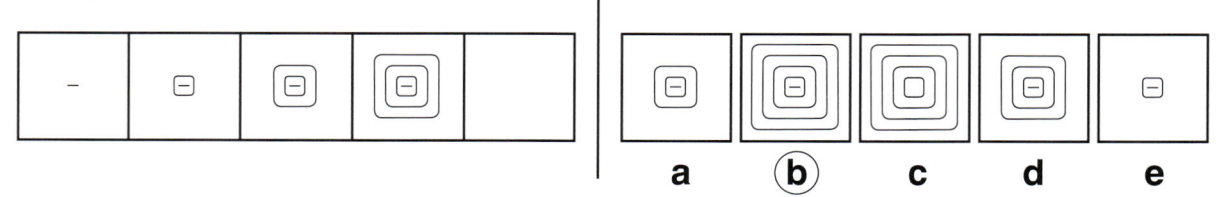

Now do the questions below. Circle the correct answer.

1)

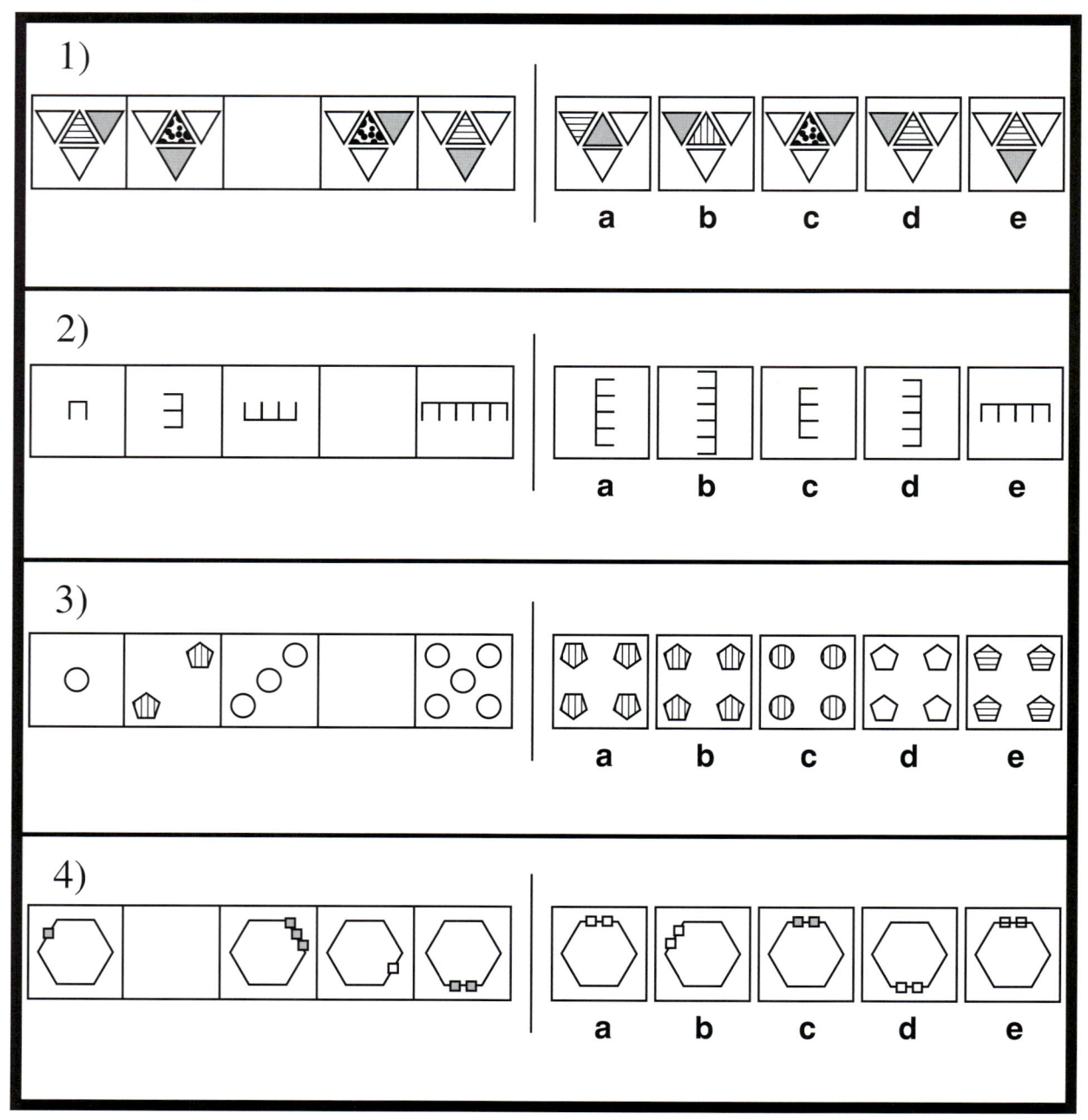

2)

3)

4)

5)
6)
7)
8)
9)
10)

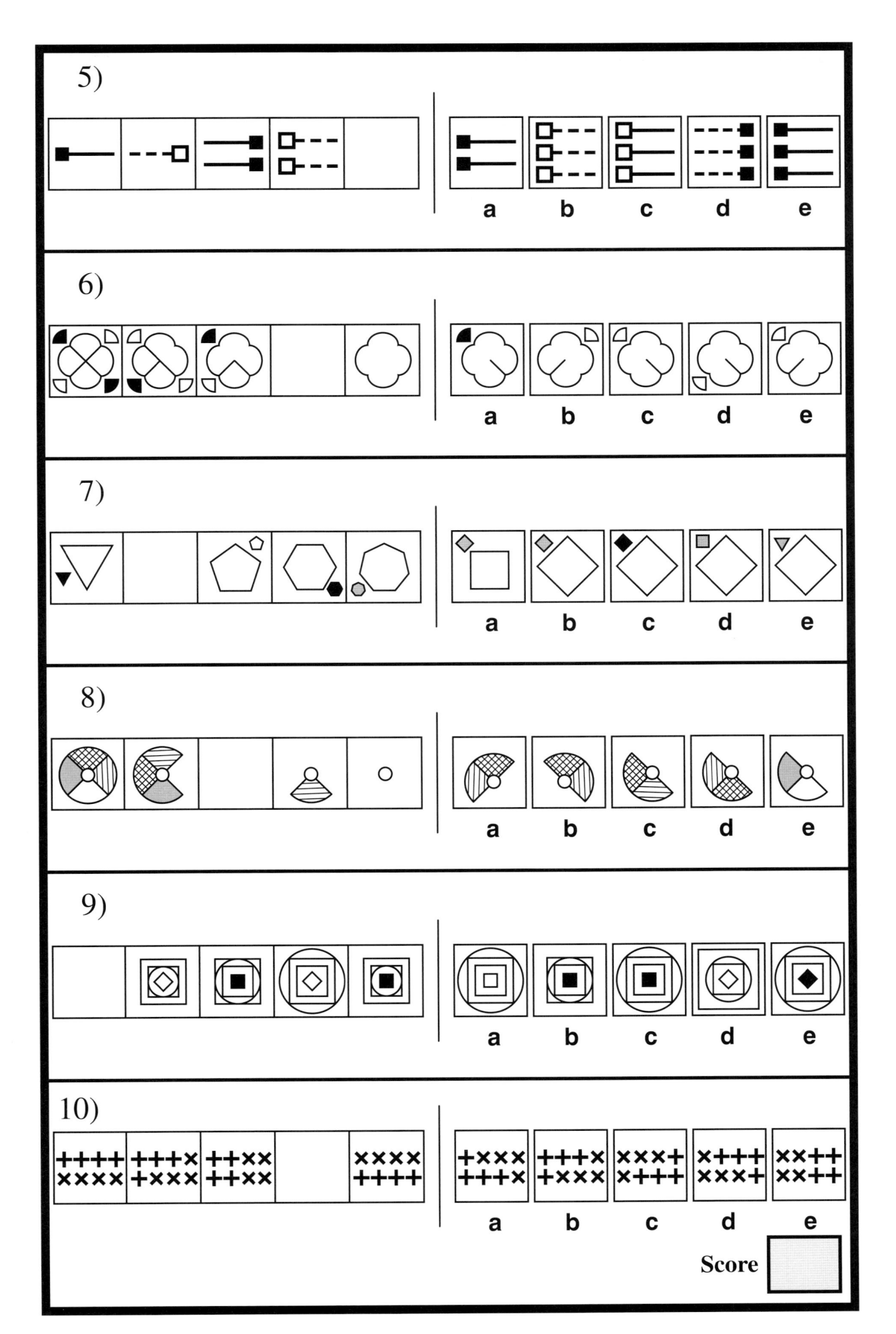

Non-verbal Reasoning Test 22
Matrices

In the big square on the left of each line below, one of the small squares has been left empty. One of the five figures on the right should fill the empty square. Find this figure.

Example

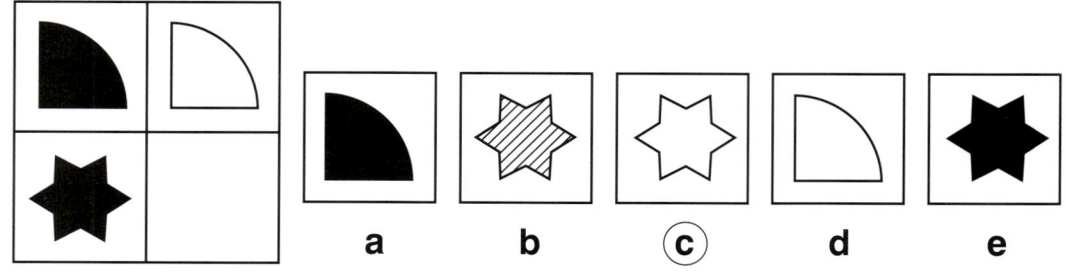

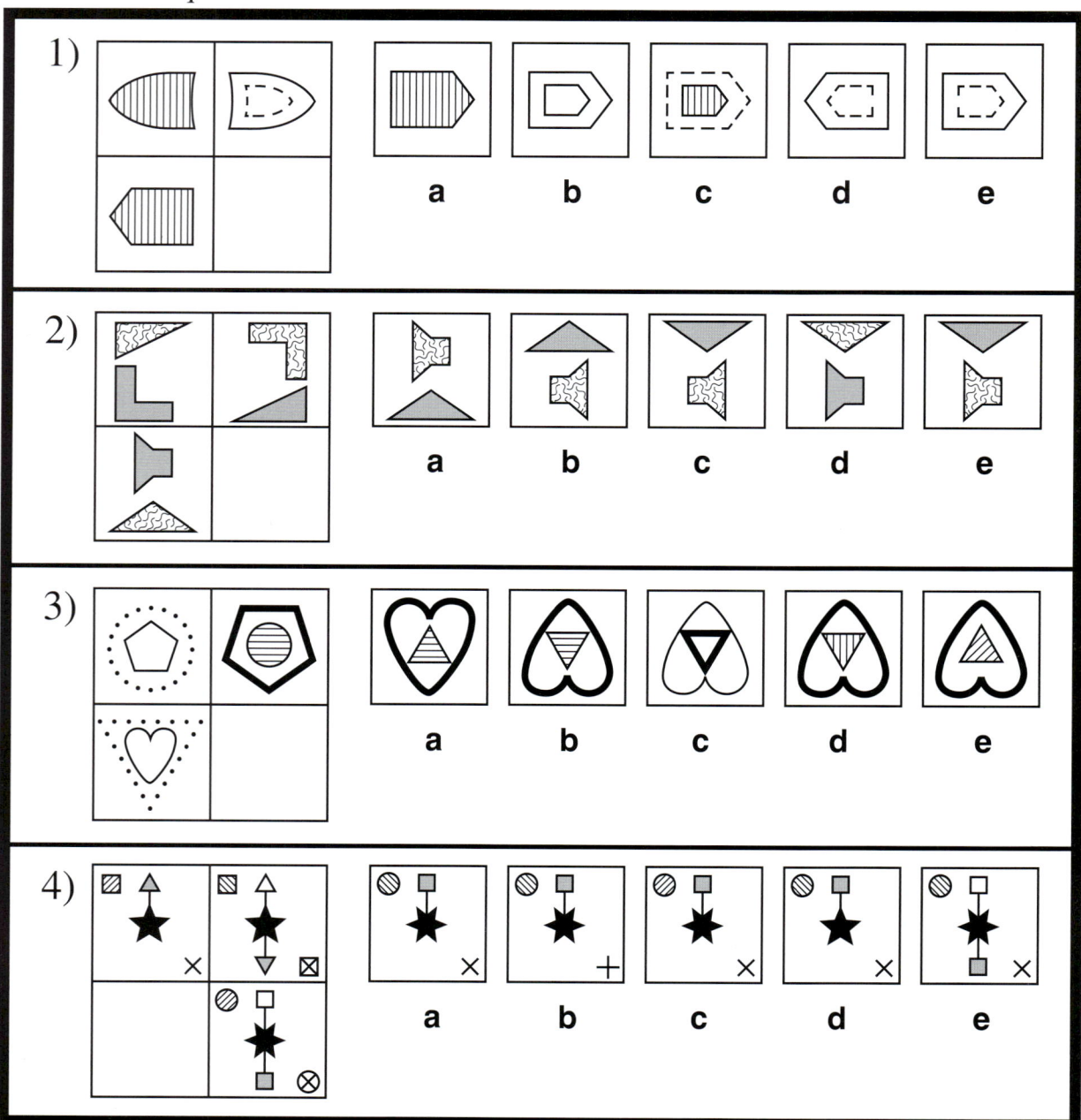

Now do the questions below. Circle the correct answer.

44 © 2010 Stephen Curran

5)
6)
7)
8)
9)
10)

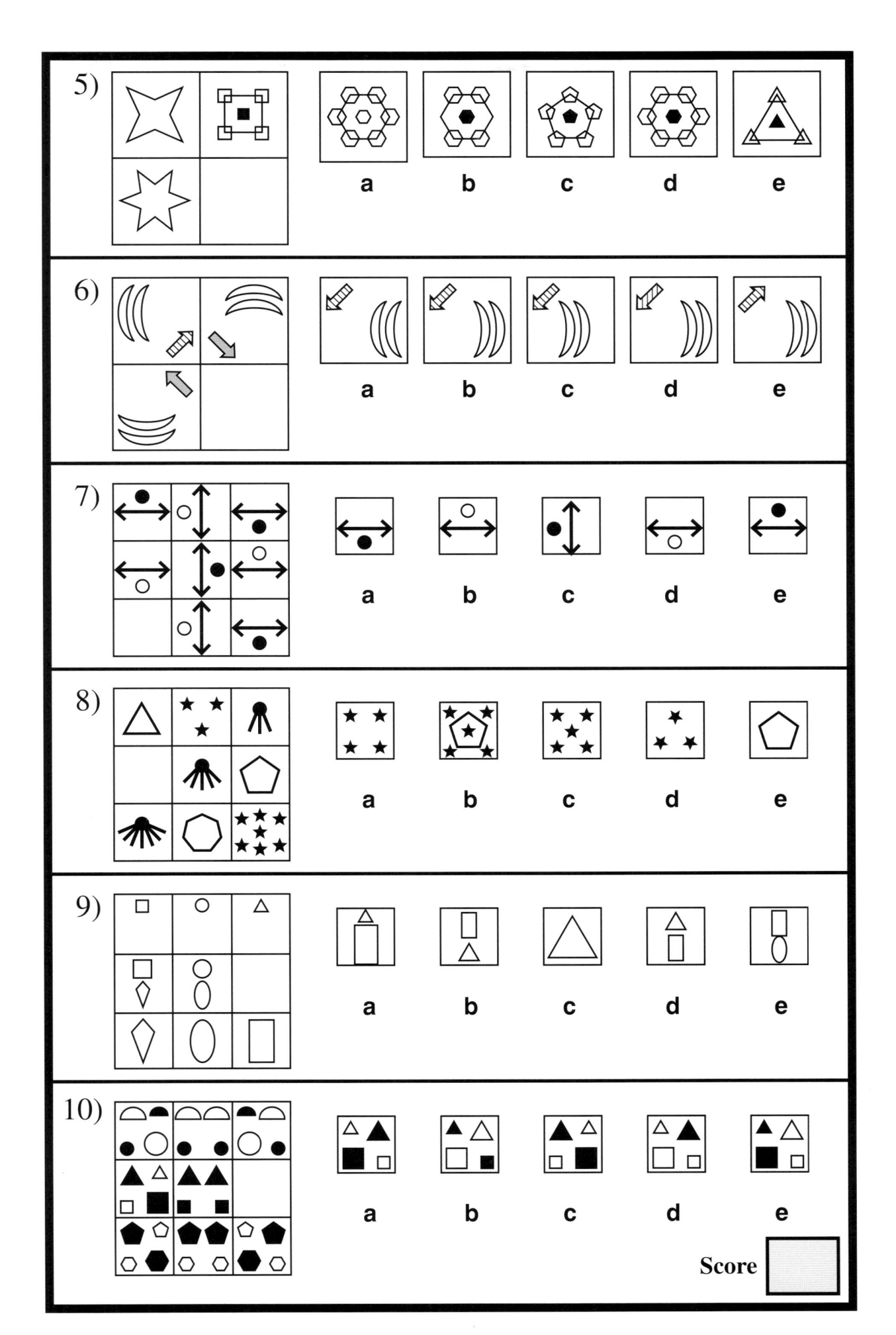

Score

Non-verbal Reasoning Test 23
Odd One Out

In each of the rows below there are five figures. Find one figure in each row that is **most unlike** the other four.

Example

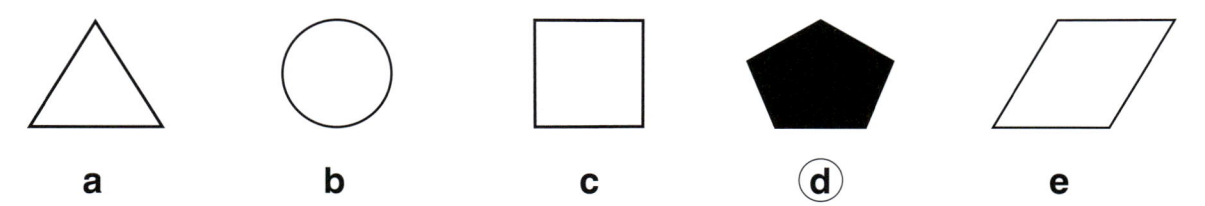

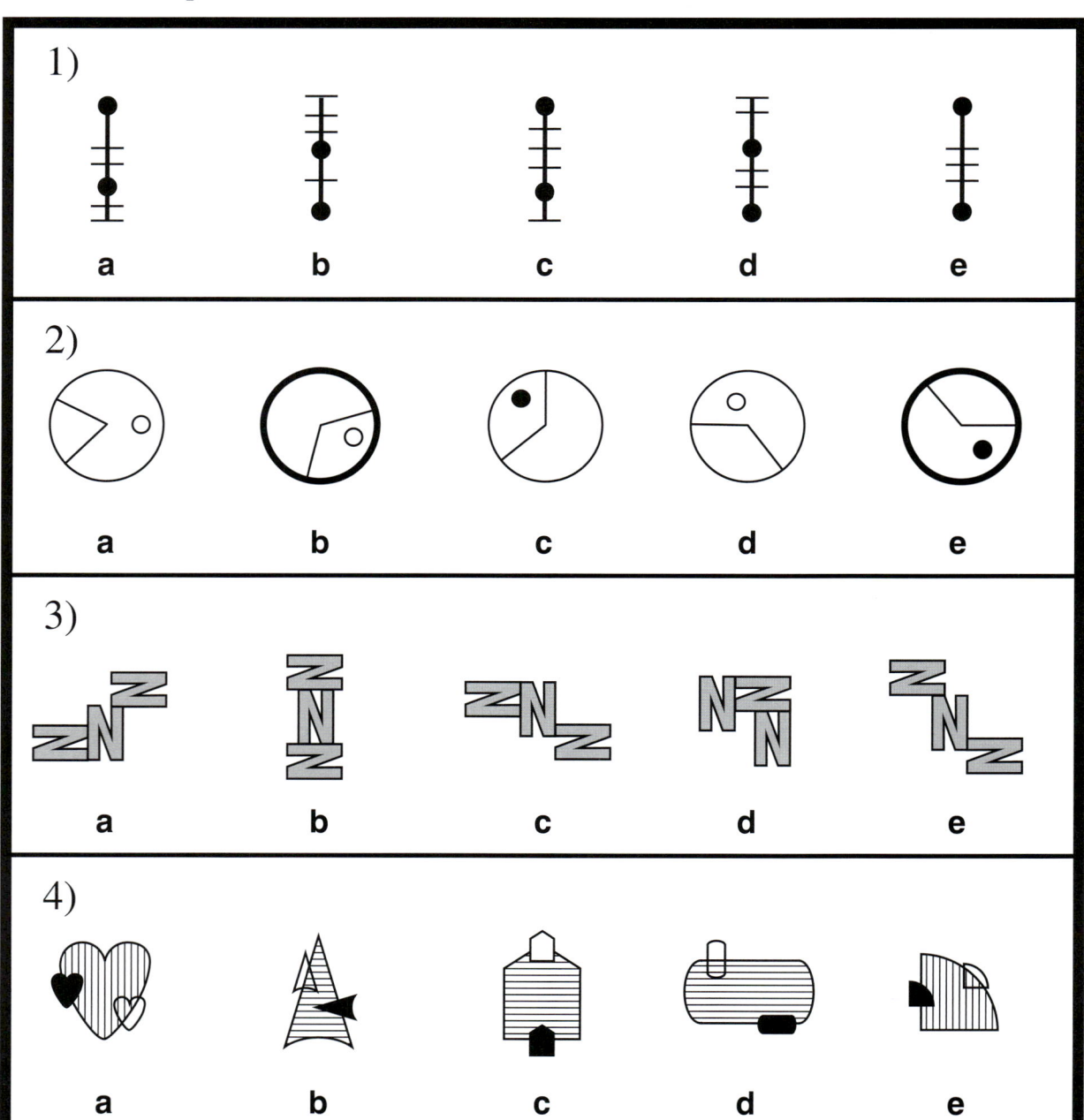

Now do the questions below. Circle the correct answer.

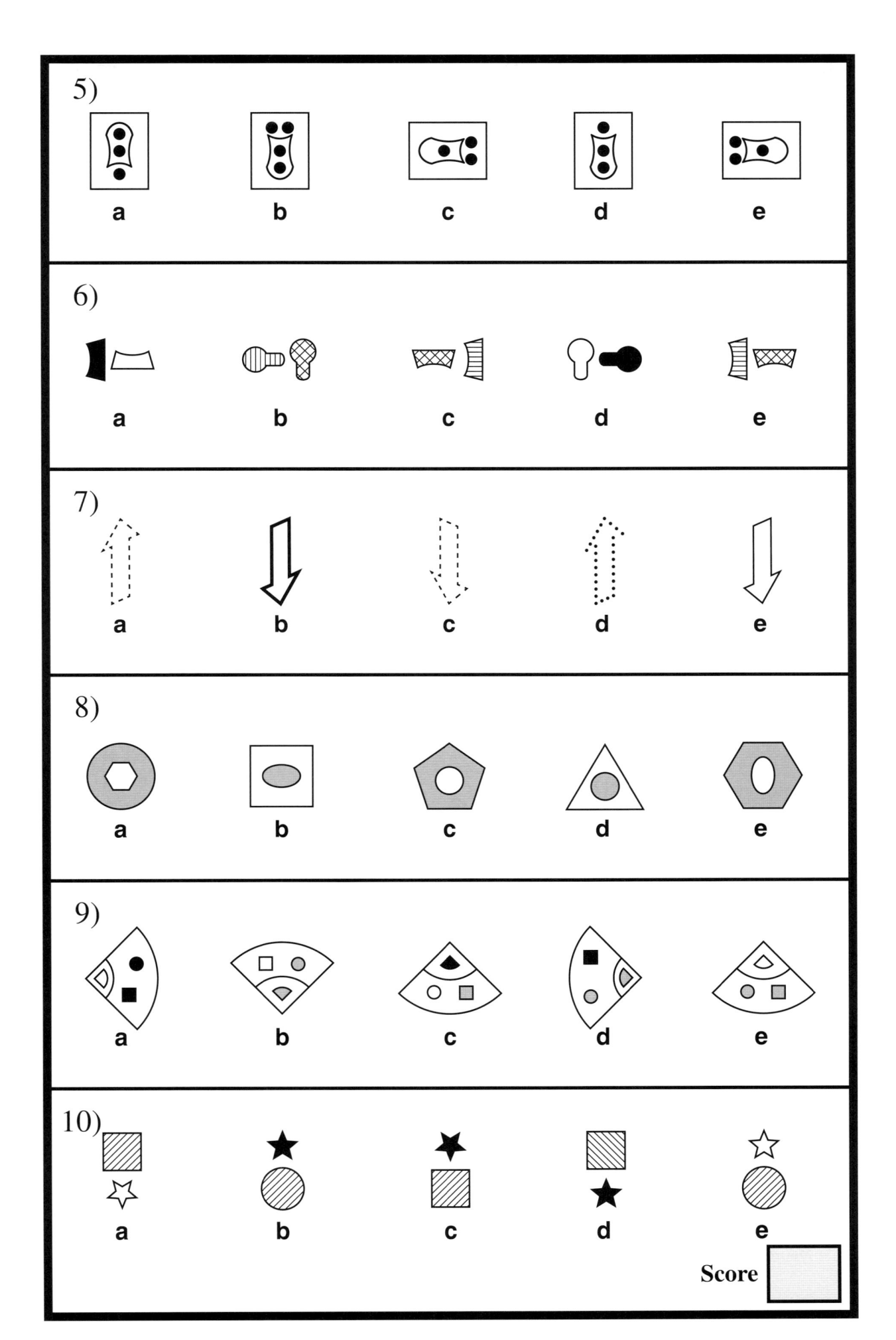

5)

6)

7)

8)

9)

10)

Score

Non-verbal Reasoning Test 24
Codes

The following shapes correspond to the codes next to them. You must decide how the code letters go with the shapes and then find the correct code for the Test Shape.

Example

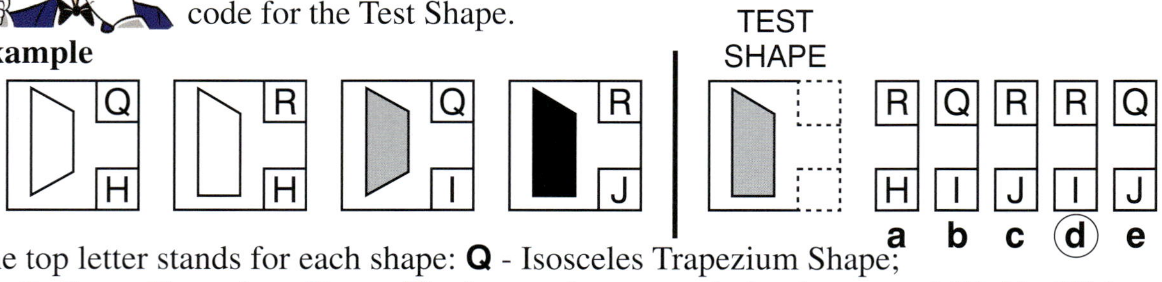

The top letter stands for each shape: **Q** - Isosceles Trapezium Shape; **R** - Ordinary Trapezium Shape. The bottom letter stands for the type of fill: **H** - White Fill; **I** - Grey Fill; **J** - Black Fill. The answer is **RI**.

Now do the questions below. Circle the correct answer.

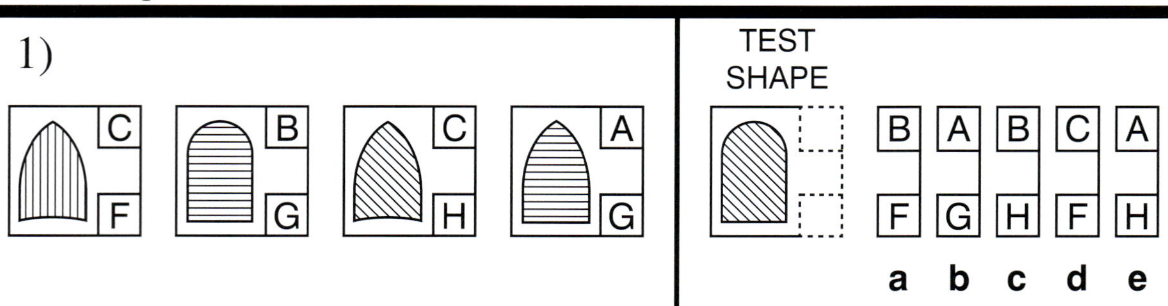

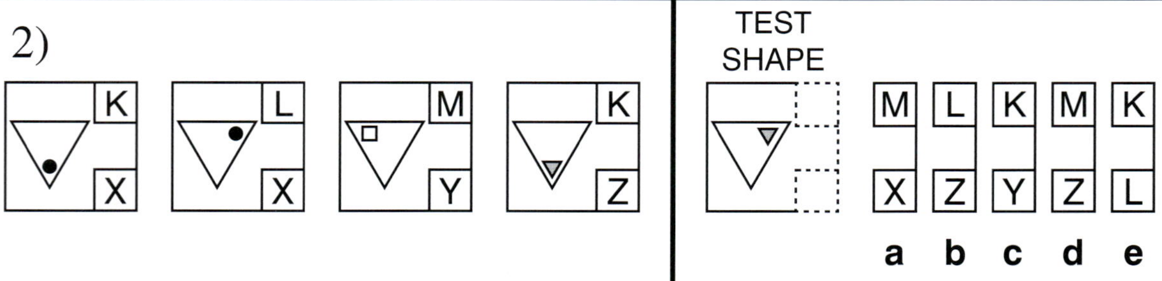

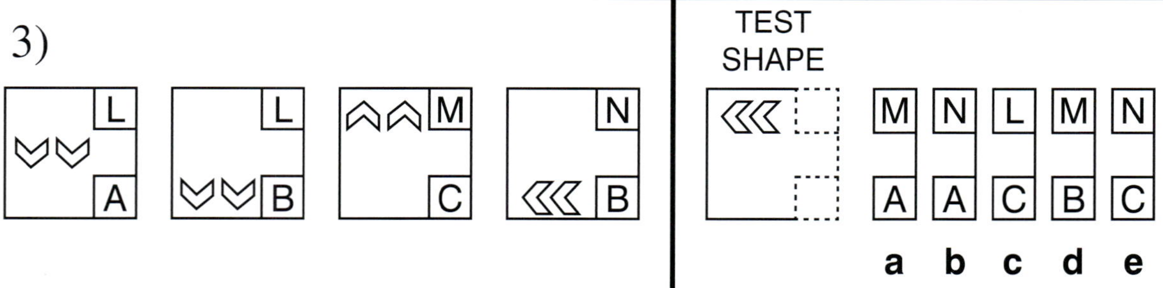

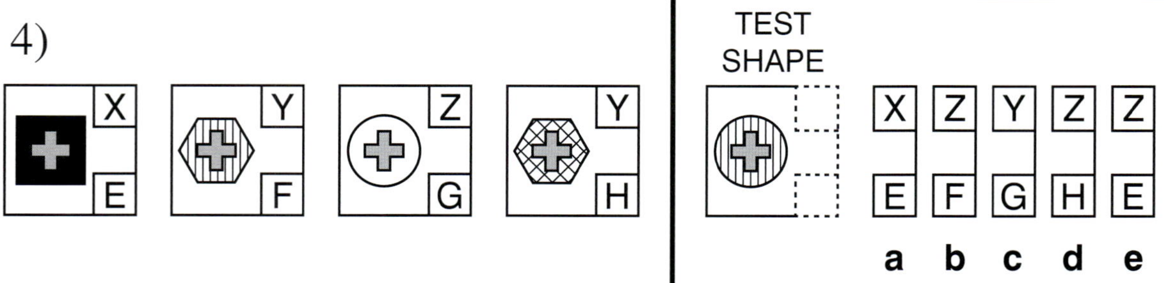

5)

TEST SHAPE

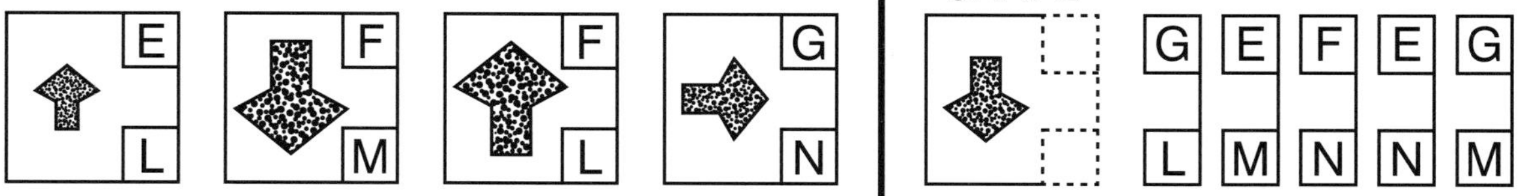

a b c d e

6)

TEST SHAPE

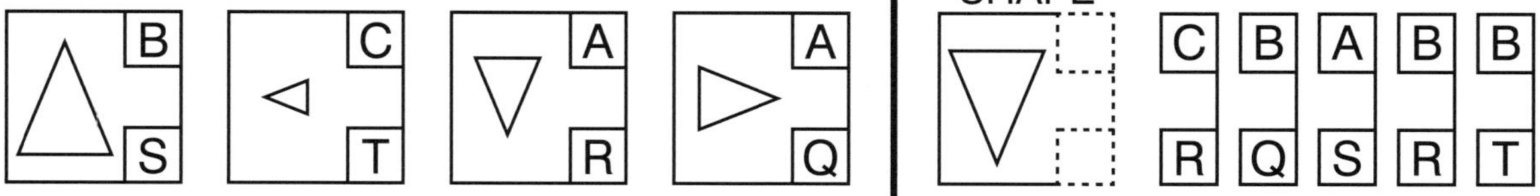

a b c d e

7)

TEST SHAPE

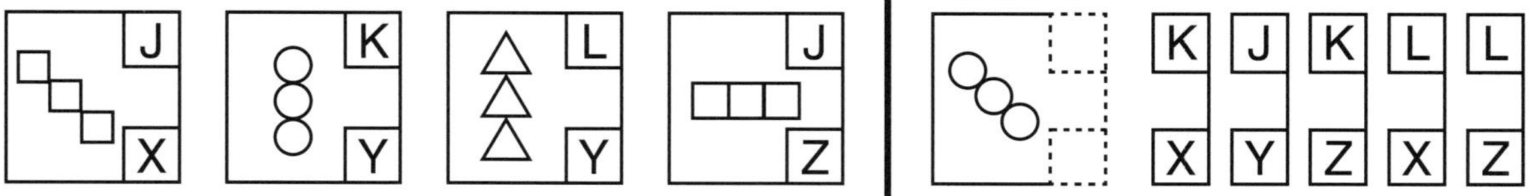

a b c d e

8)

TEST SHAPE

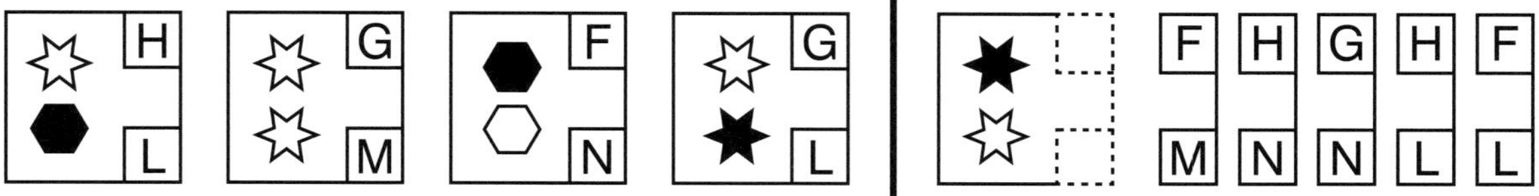

a b c d e

9)

TEST SHAPE

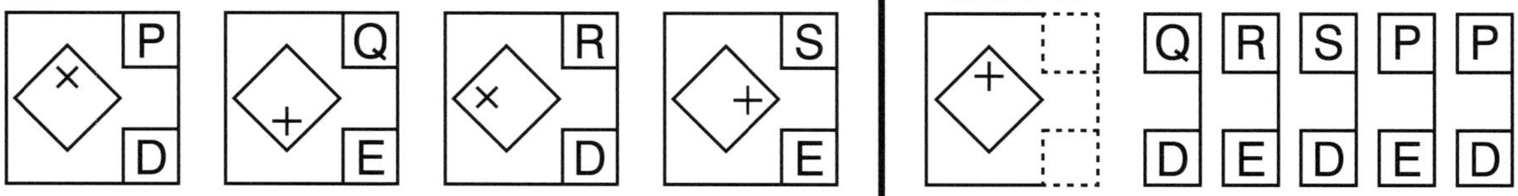

a b c d e

10)

TEST SHAPE

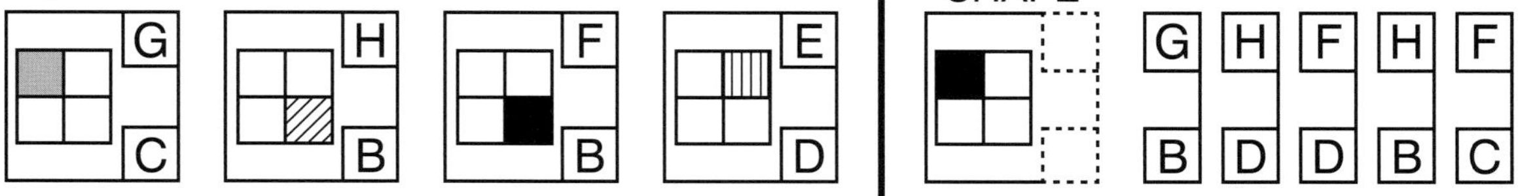

a b c d e

Score

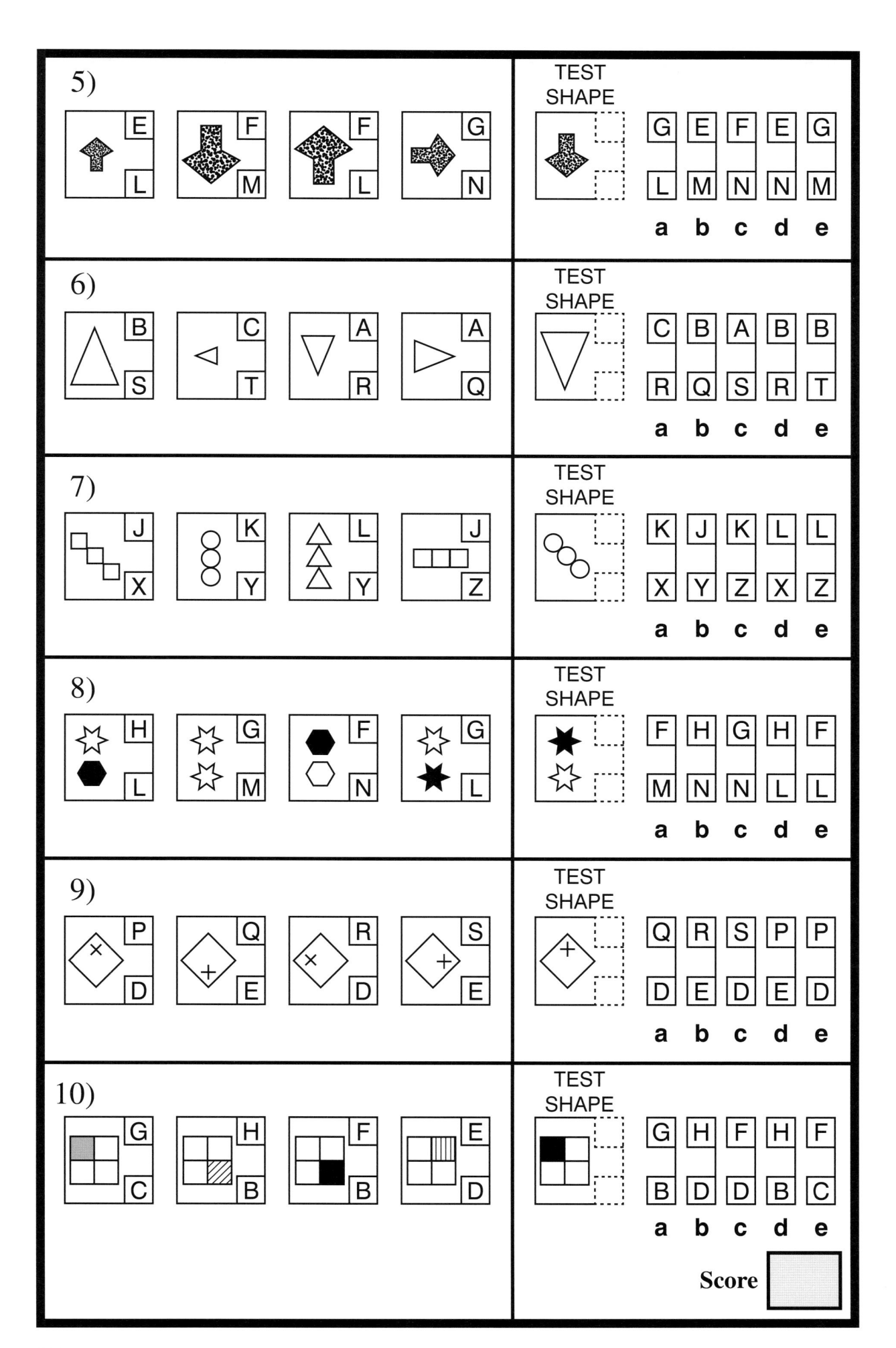

Non-verbal Reasoning Test 25
Analogies

On the left of each row are two shapes with an arrow between them. Decide how the second shape is related to the first. After these there is a third shape, then an arrow and then five more shapes. Decide which of the five shapes goes with the third shape to make a pair like the two shapes on the left.

Example

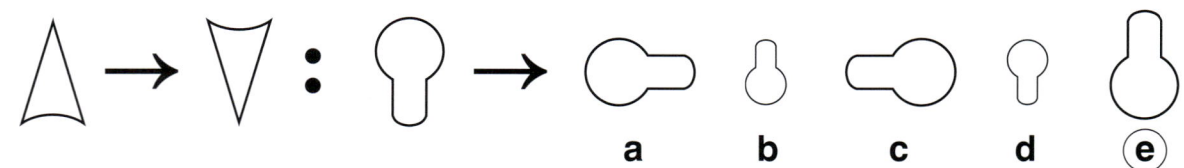

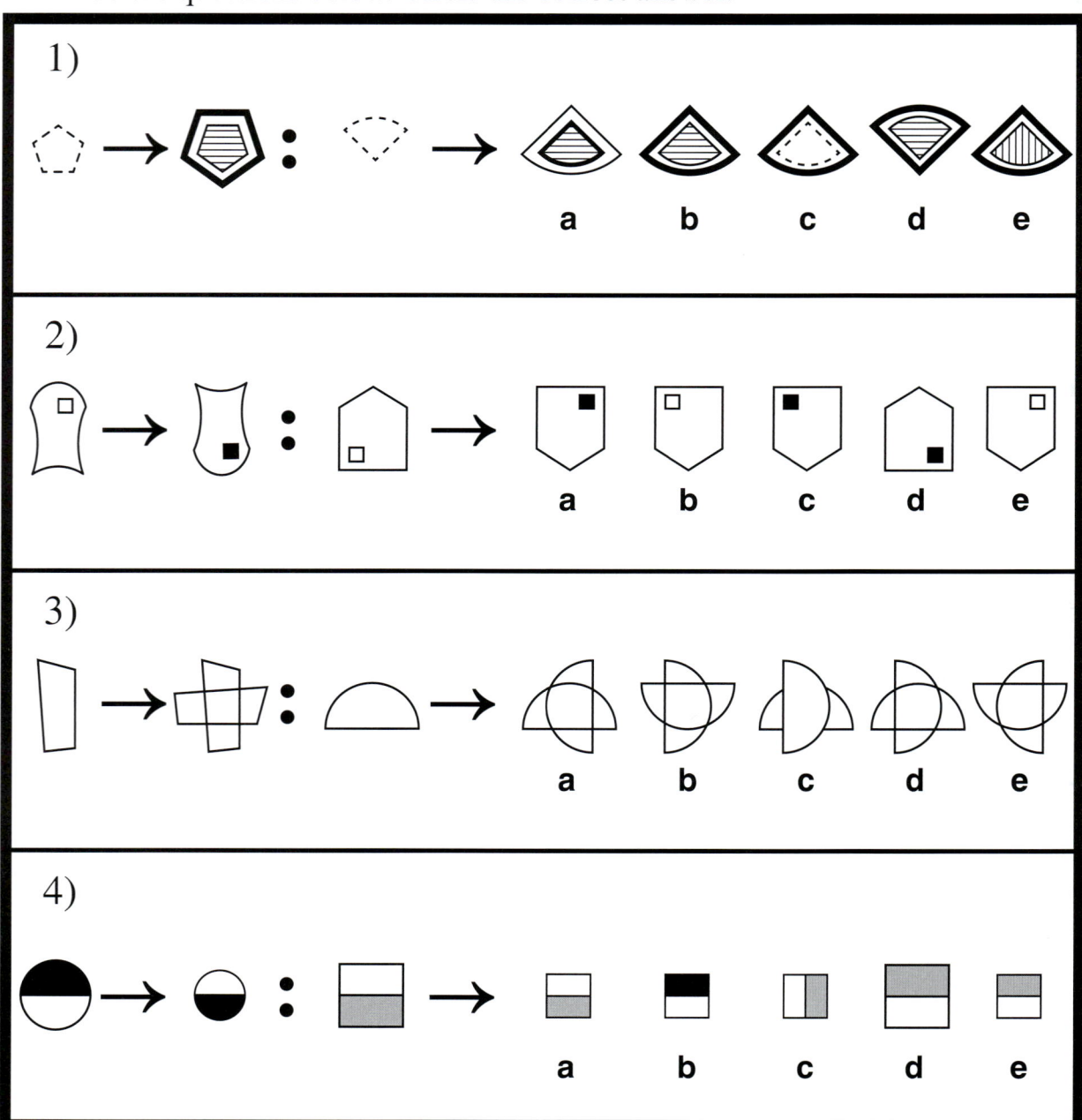

Now do the questions below. Circle the correct answer.

50 © 2010 Stephen Curran

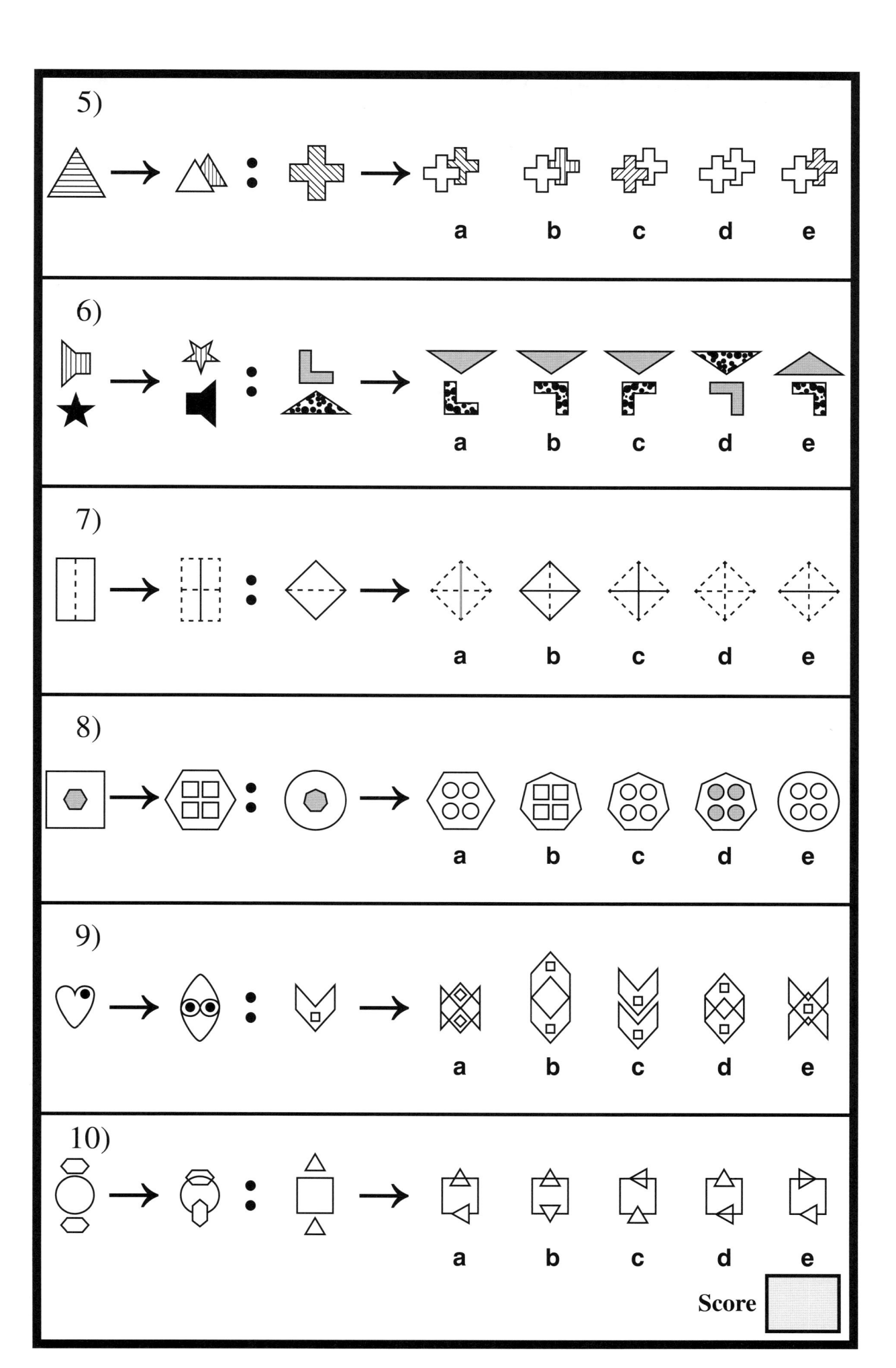

5)

Non-verbal Reasoning Test 26
Similarities

On the left of each of the rows below there are two figures that are alike. On the right there are five more figures. Find which one of these five is **most like** the two figures on the left.

Example

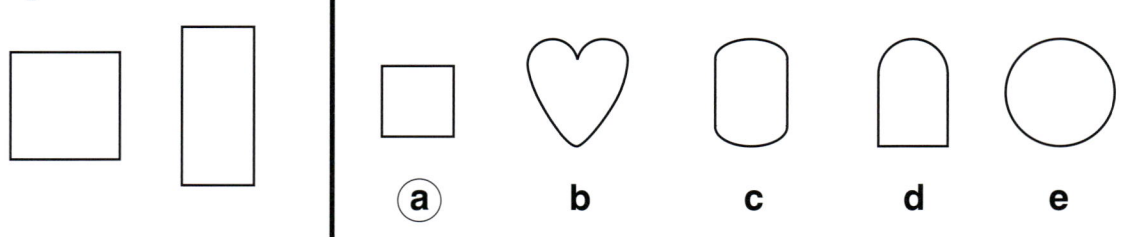

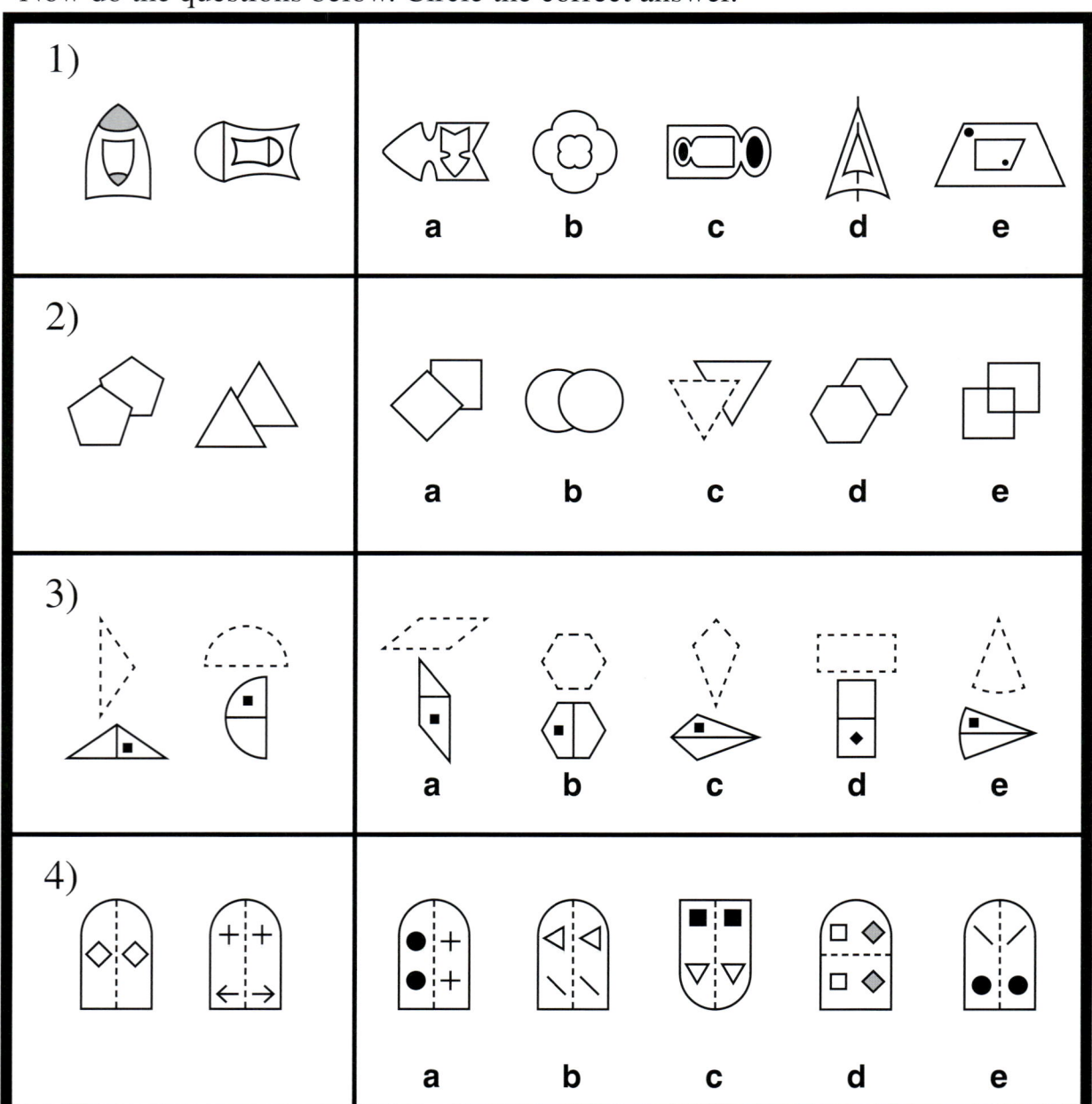

Now do the questions below. Circle the correct answer.

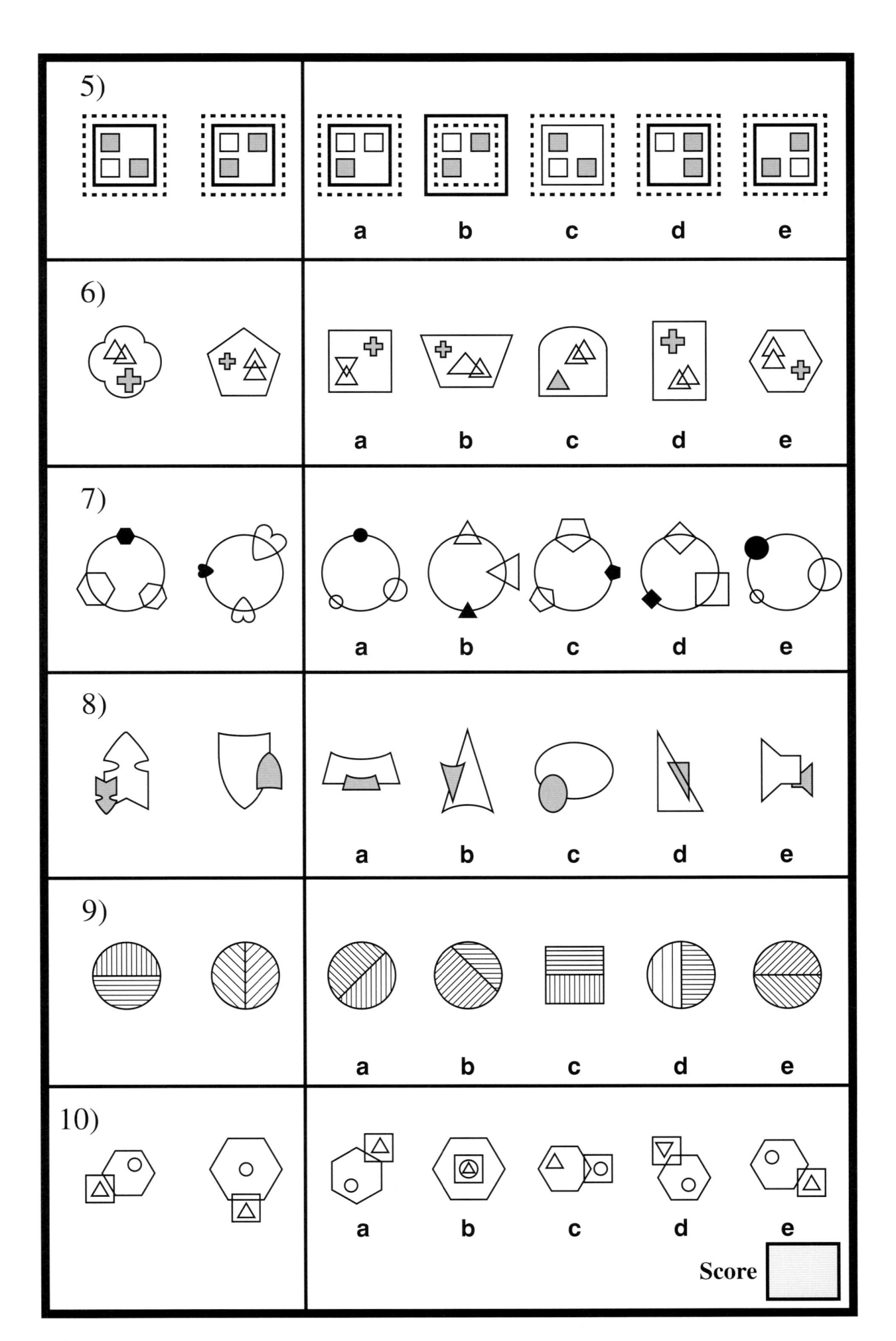

5)

6)

7)

8)

9)

10)

Score

Non-verbal Reasoning Test 27
Series

To the left of each of the lines below there are five squares arranged in order. One of these squares has been left empty. Find which one of the five squares on the right should take the place of the empty square.

Example

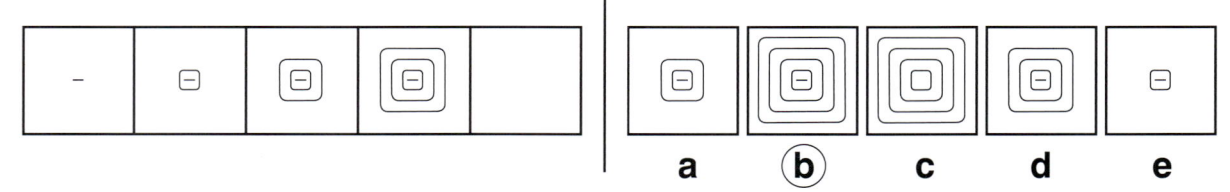

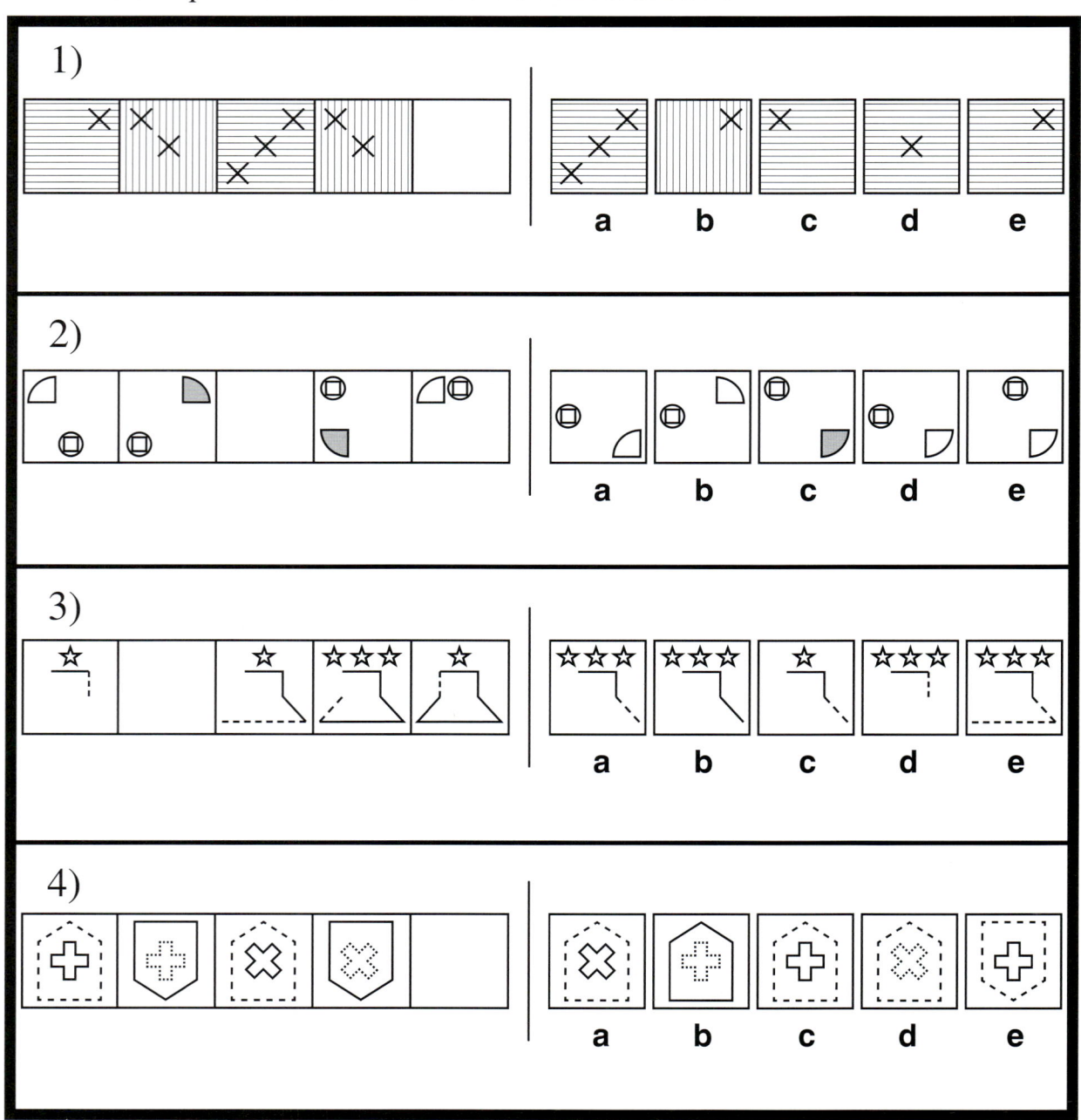

Now do the questions below. Circle the correct answer.

1)

2)

3)

4)

5)
6)
7)
8)
9)
10)

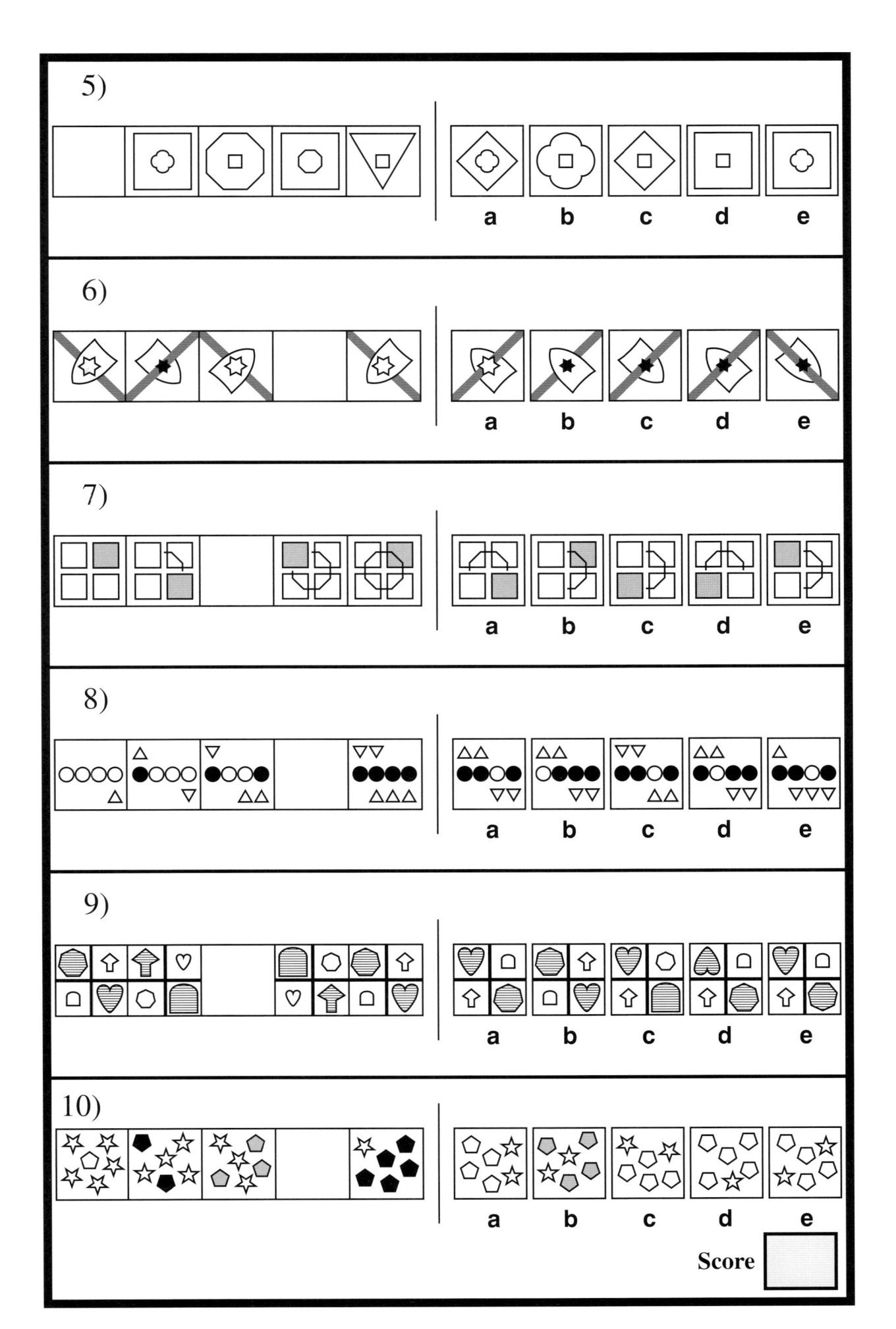

Score

Non-verbal Reasoning Test 28
Matrices

In the big square on the left of each line below, one of the small squares has been left empty. One of the five figures on the right should fill the empty square. Find this figure.

Example

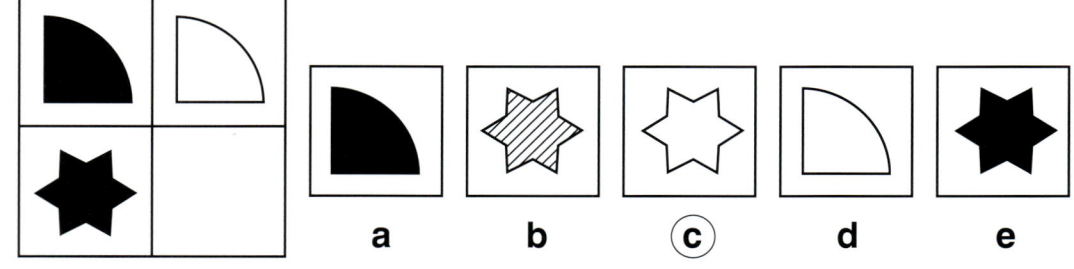

Now do the questions below. Circle the correct answer.

1)
2)
3)
4)

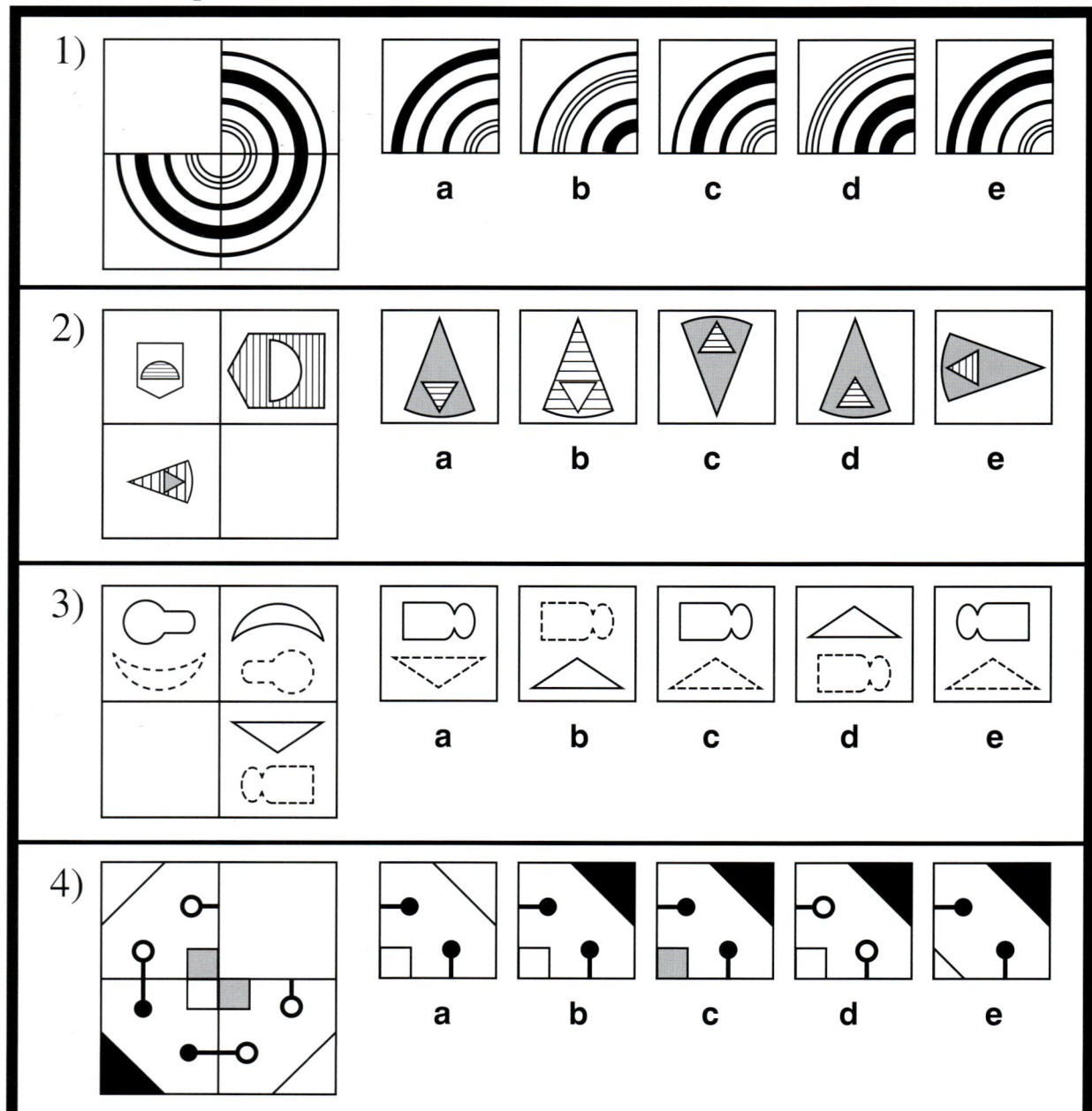

5) a b c d e

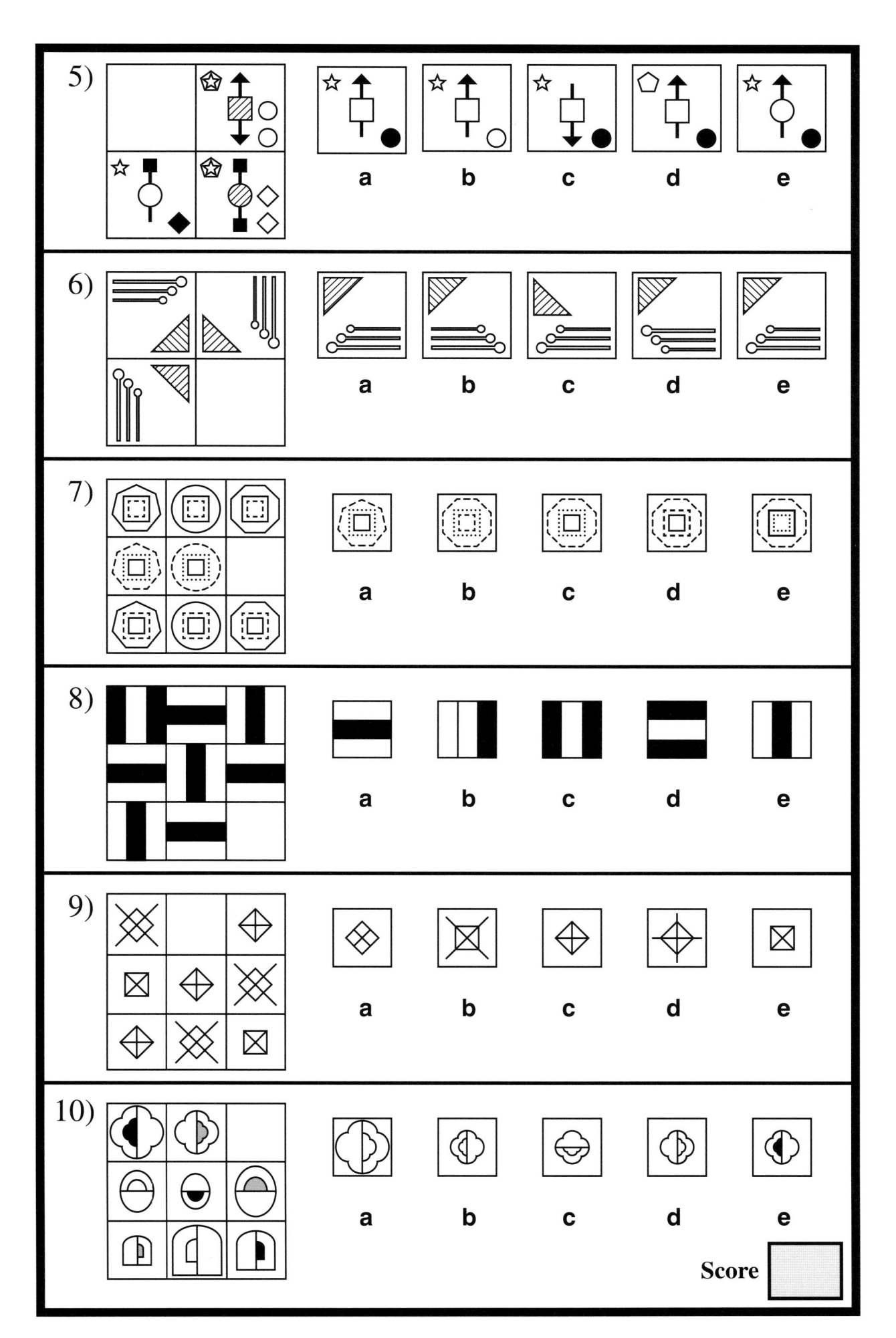

6) a b c d e

7) a b c d e

8) a b c d e

9) a b c d e

10) a b c d e

Score

Non-verbal Reasoning Test 29
Odd One Out

In each of the rows below there are five figures. Find one figure in each row that is **most unlike** the other four.

Example

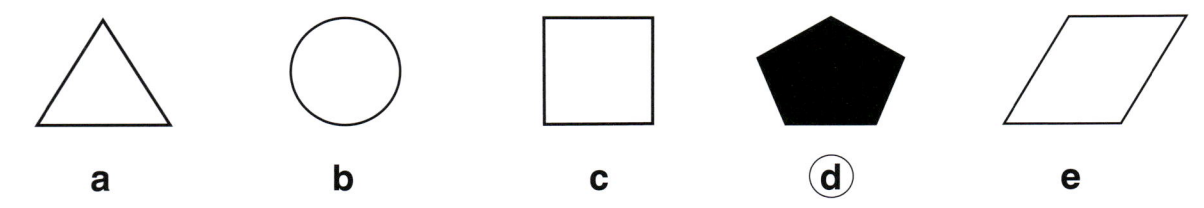

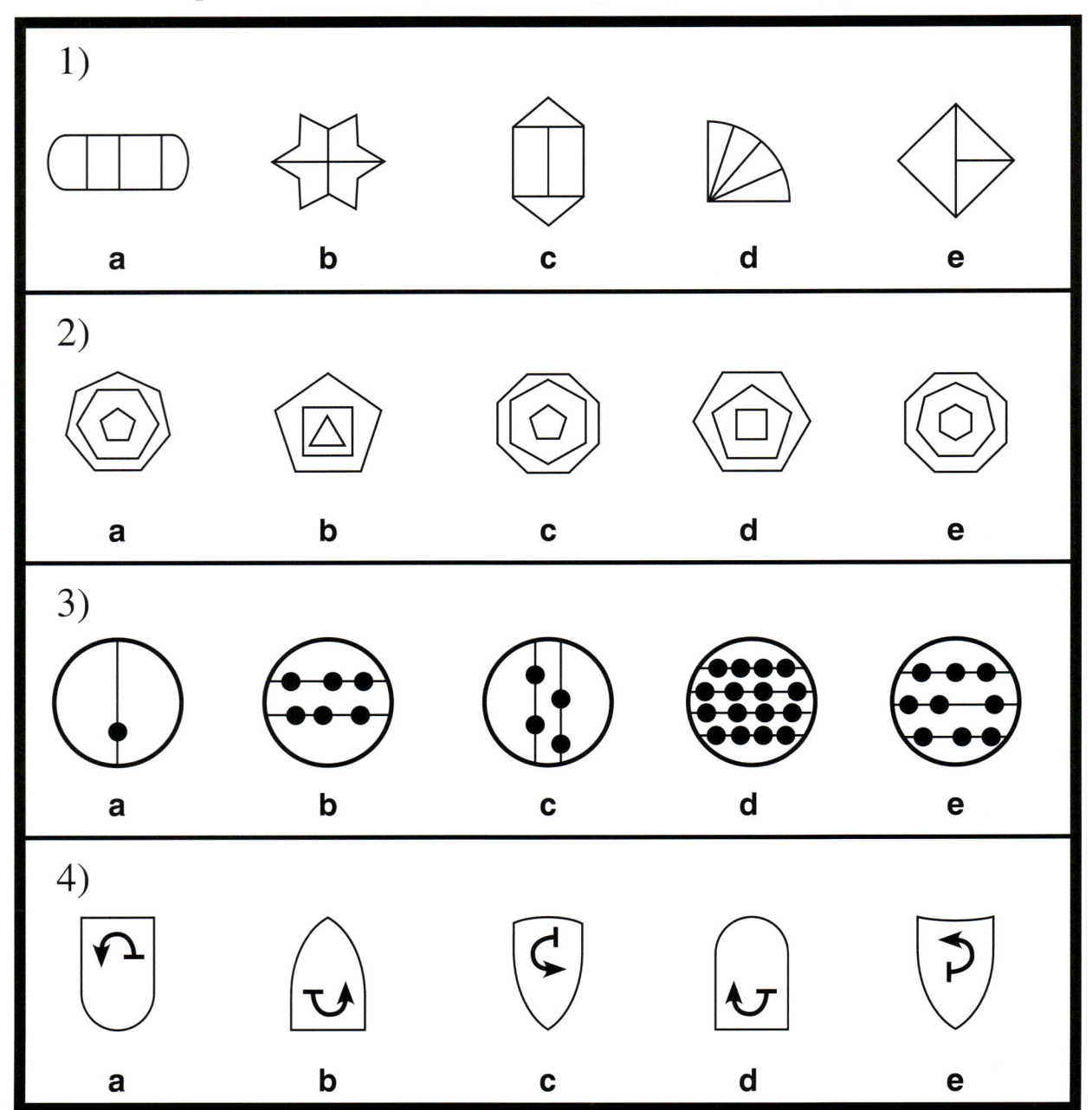

a   b   c   (d)   e

Now do the questions below. Circle the correct answer.

1) a   b   c   d   e

2) a   b   c   d   e

3) a   b   c   d   e

4) a   b   c   d   e

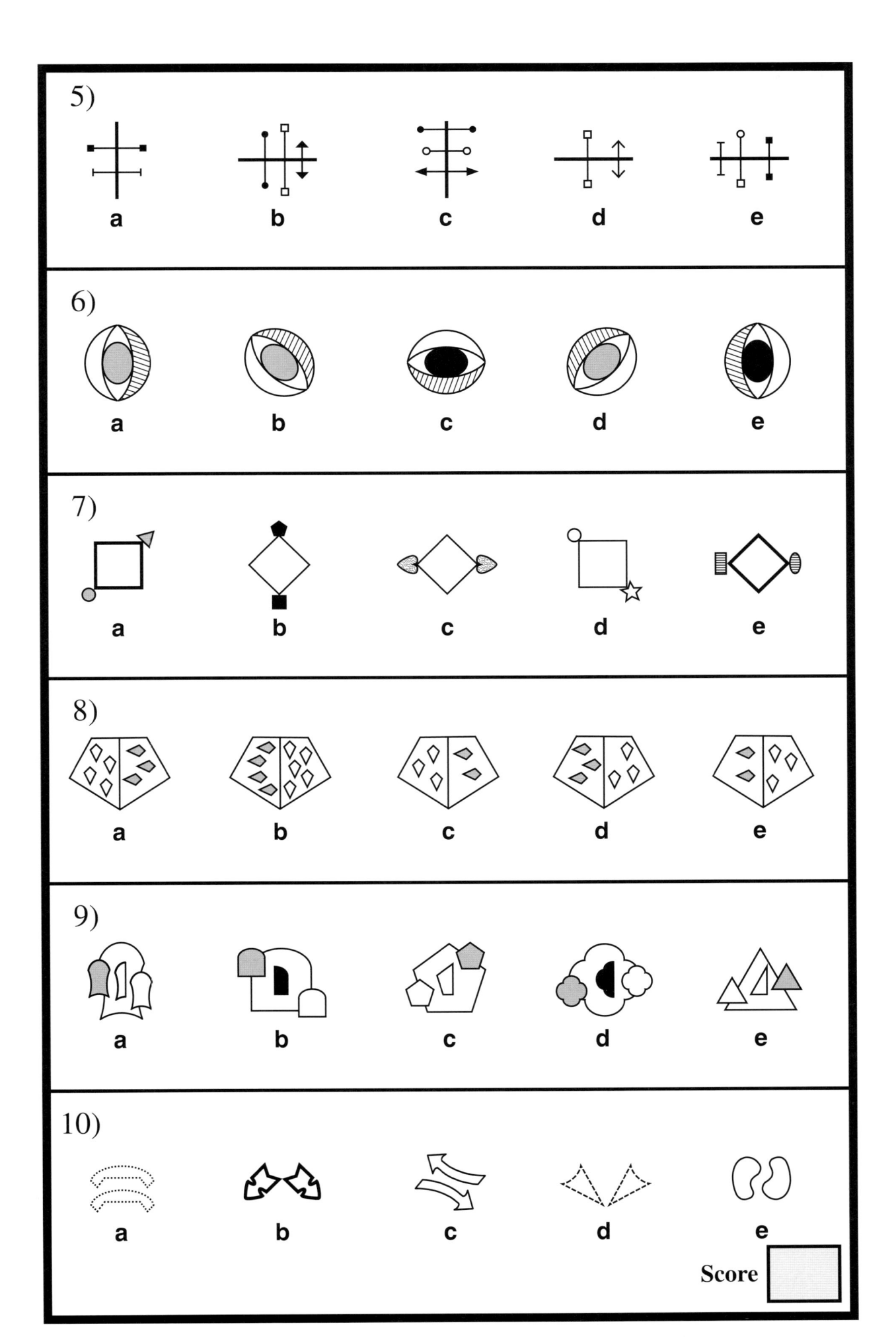

5)

6)

7)

8)

9)

10)

Score

Non-verbal Reasoning Test 30
Codes

The following shapes correspond to the codes below them. You must decide how the code letters go with the shapes and then find the correct code for the Test Shape.

Example　　　　　　　　TEST SHAPE

　　AR　　BS　　BT　　　　BR　AS　AT　BS　AR
　　　　　　　　　　　　　　(a)　b　c　d　e

The first letter stands for the type of fill: **A** - White Fill; **B** - Shaded Fill.
The second letter stands for each shape: **R** - Triangle; **S** - Arrow; **T** - Circle.
The answer is **BR**: B for Shaded Fill; R for Triangle.
Now do the questions below. Circle the correct answer.

1)　AKX　BLY　AMY　CKZ　CLX　　TEST SHAPE 
　　　　　　　　　　　　　　　　BKZ　ALX　CMY
　　　　　　　　　　　　　　　　 a　 b　 c
　　　　　　　　　　　　　　　　BMX　BLX
　　　　　　　　　　　　　　　　 d　 e

2)　JPA　JQB　KQA　JRC　KPD　　TEST SHAPE 
　　　　　　　　　　　　　　　　JQC　KRB　JRD
　　　　　　　　　　　　　　　　 a　 b　 c
　　　　　　　　　　　　　　　　KRA　KPB
　　　　　　　　　　　　　　　　 d　 e

3)　ESM　FTM　GSN　EUM　GSO　　TEST SHAPE 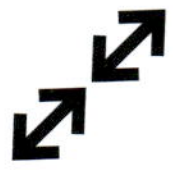
　　　　　　　　　　　　　　　　FSN　GUM　FUN
　　　　　　　　　　　　　　　　 a　 b　 c
　　　　　　　　　　　　　　　　FUO　ETO
　　　　　　　　　　　　　　　　 d　 e

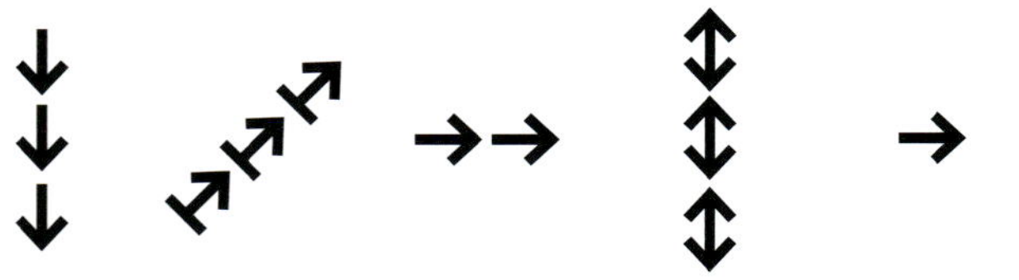

4)　ZAK　YAL　ZBM　XCK　XBL　　TEST SHAPE 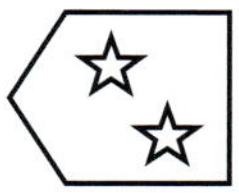
　　　　　　　　　　　　　　　　YCM　XAM　ZCL
　　　　　　　　　　　　　　　　 a　 b　 c
　　　　　　　　　　　　　　　　YAM　YBK
　　　　　　　　　　　　　　　 d　 e

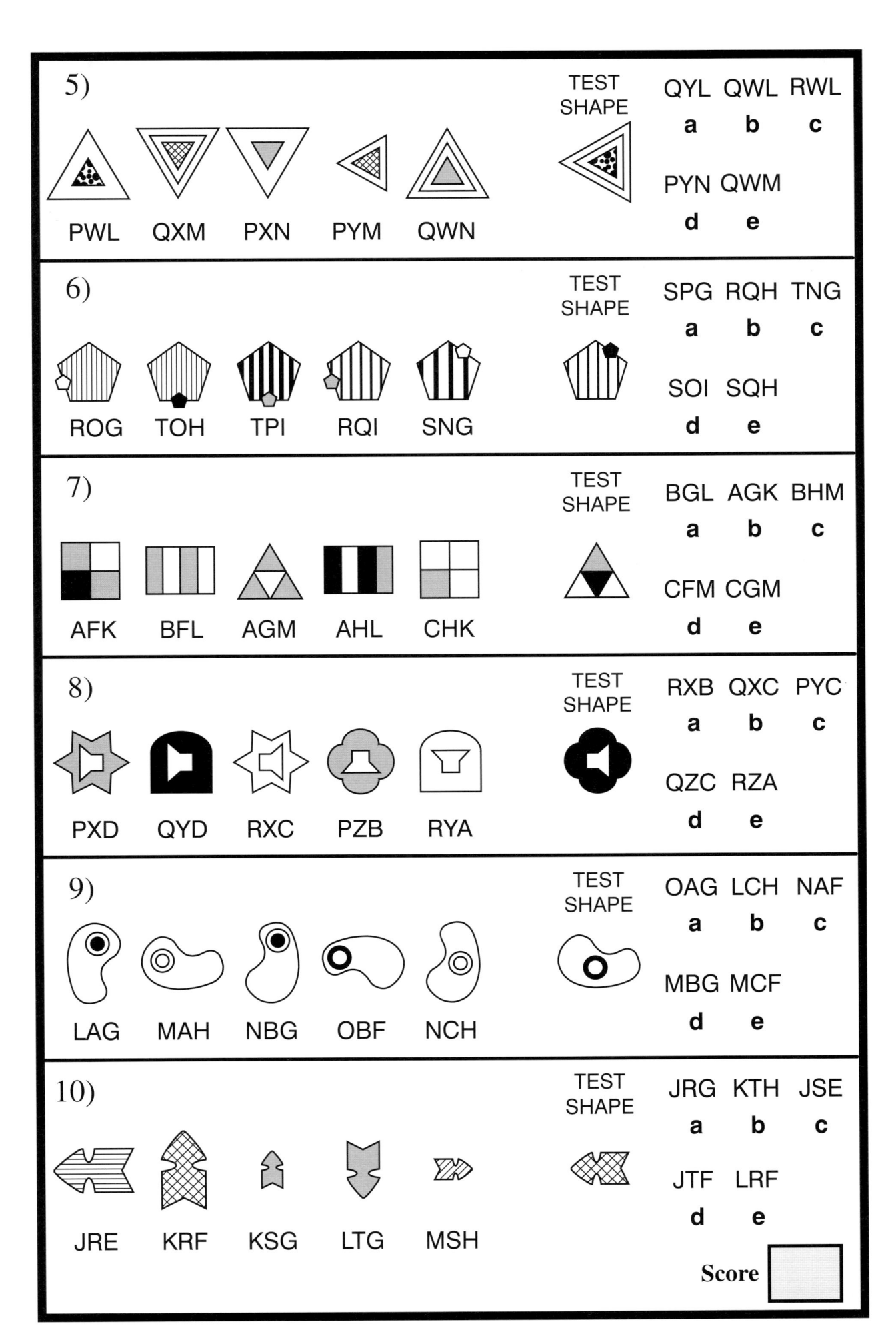

5)

| PWL | QXM | PXN | PYM | QWN | TEST SHAPE |

QYL QWL RWL
 a   b   c

PYN QWM
 d   e

6)

| ROG | TOH | TPI | RQI | SNG | TEST SHAPE |

SPG RQH TNG
 a   b   c

SOI SQH
 d   e

7)

| AFK | BFL | AGM | AHL | CHK | TEST SHAPE |

BGL AGK BHM
 a   b   c

CFM CGM
 d   e

8)

| PXD | QYD | RXC | PZB | RYA | TEST SHAPE |

RXB QXC PYC
 a   b   c

QZC RZA
 d   e

9)

| LAG | MAH | NBG | OBF | NCH | TEST SHAPE |

OAG LCH NAF
 a   b   c

MBG MCF
 d   e

10)

| JRE | KRF | KSG | LTG | MSH | TEST SHAPE |

JRG KTH JSE
 a   b   c

JTF LRF
 d   e

Score

Non-verbal Reasoning Test 31
Analogies

On the left of each row are two shapes with an arrow between them. Decide how the second shape is related to the first. After these there is a third shape, then an arrow and then five more shapes. Decide which of the five shapes goes with the third shape to make a pair like the two shapes on the left.

Example

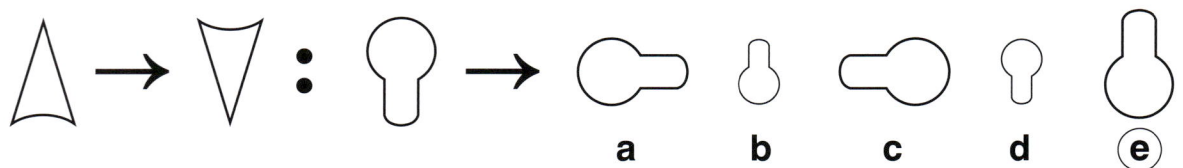

Now do the questions below. Circle the correct answer.

1)

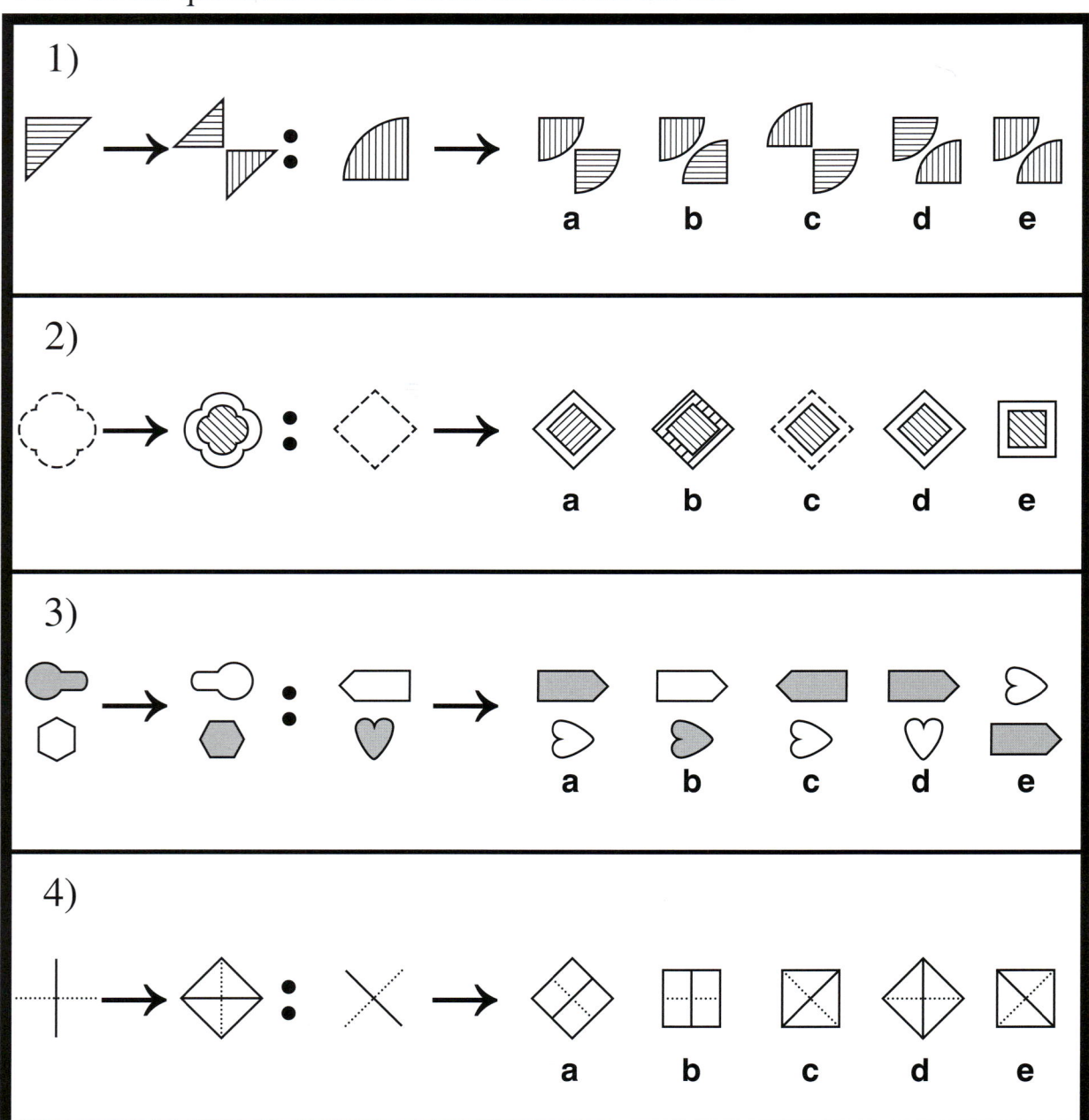

2)

3)

4)

5)
6)
7)
8)
9)
10)

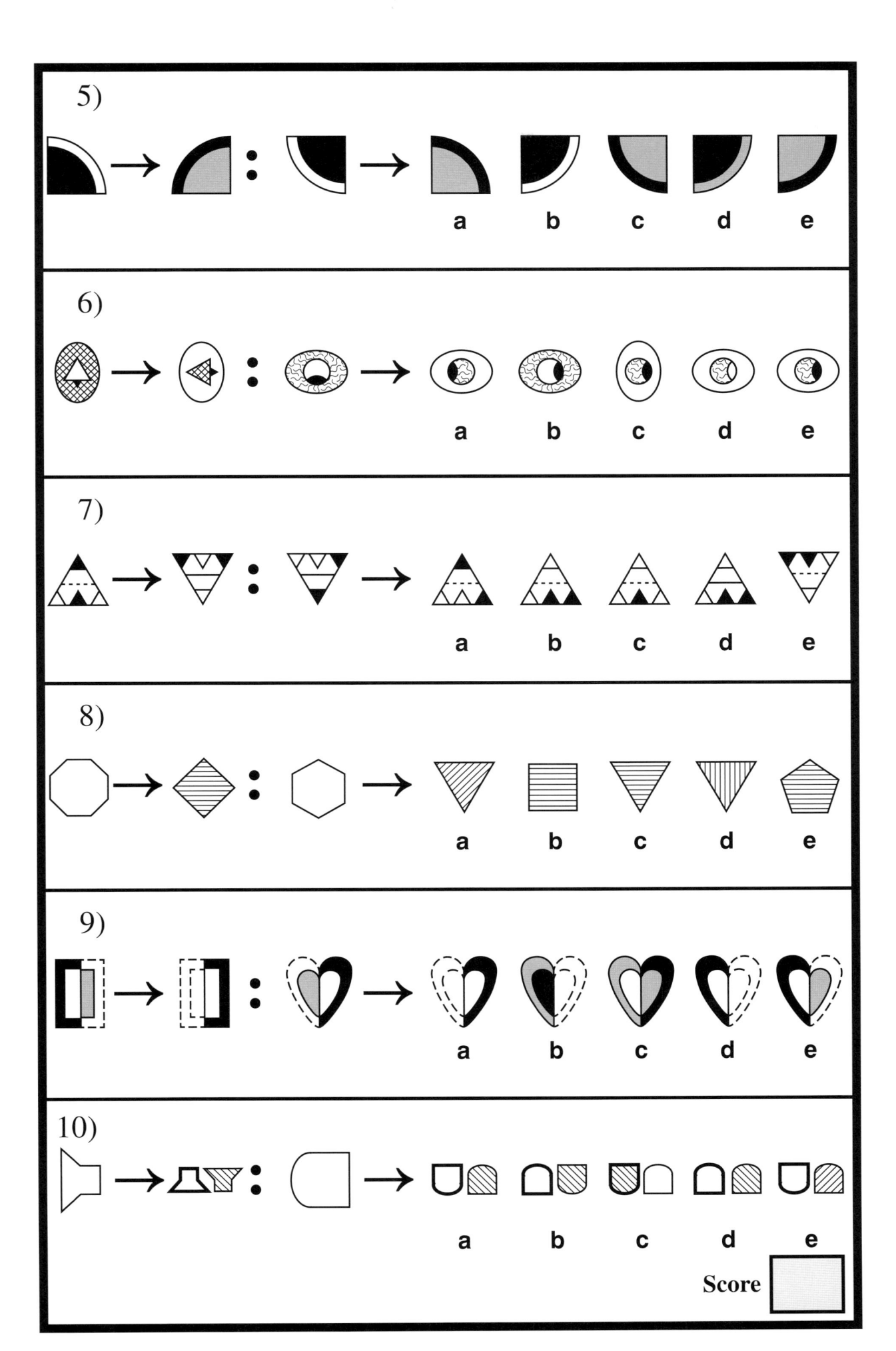

Score

Non-verbal Reasoning Test 32
Similarities

On the left of each of the rows below there are two figures that are alike. On the right there are five more figures. Find which one of these five is **most like** the two figures on the left.

Example

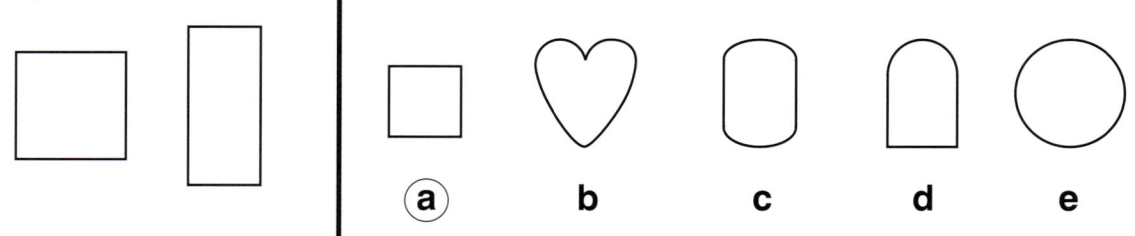

Now do the questions below. Circle the correct answer.

64 © 2010 Stephen Curran

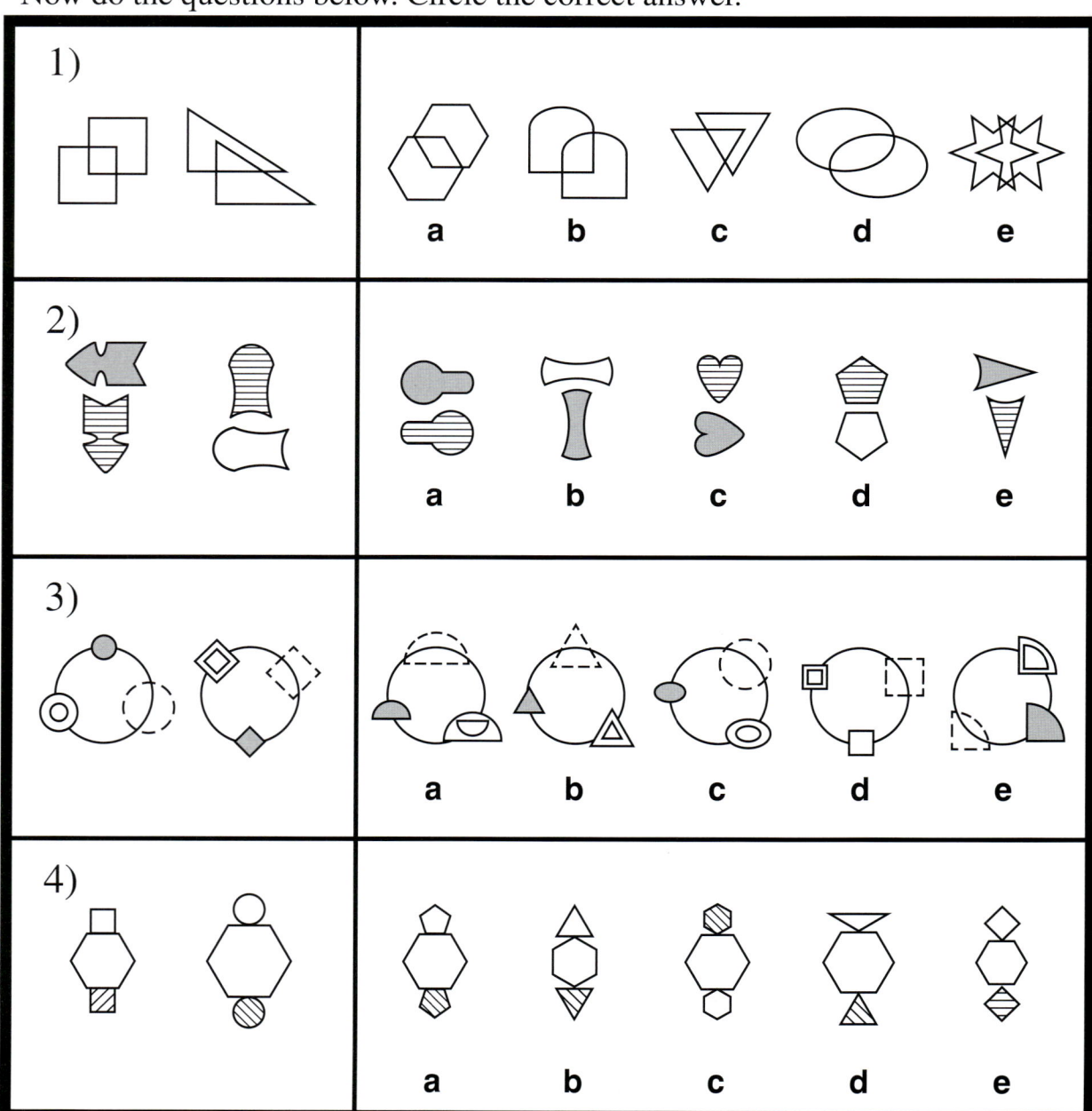

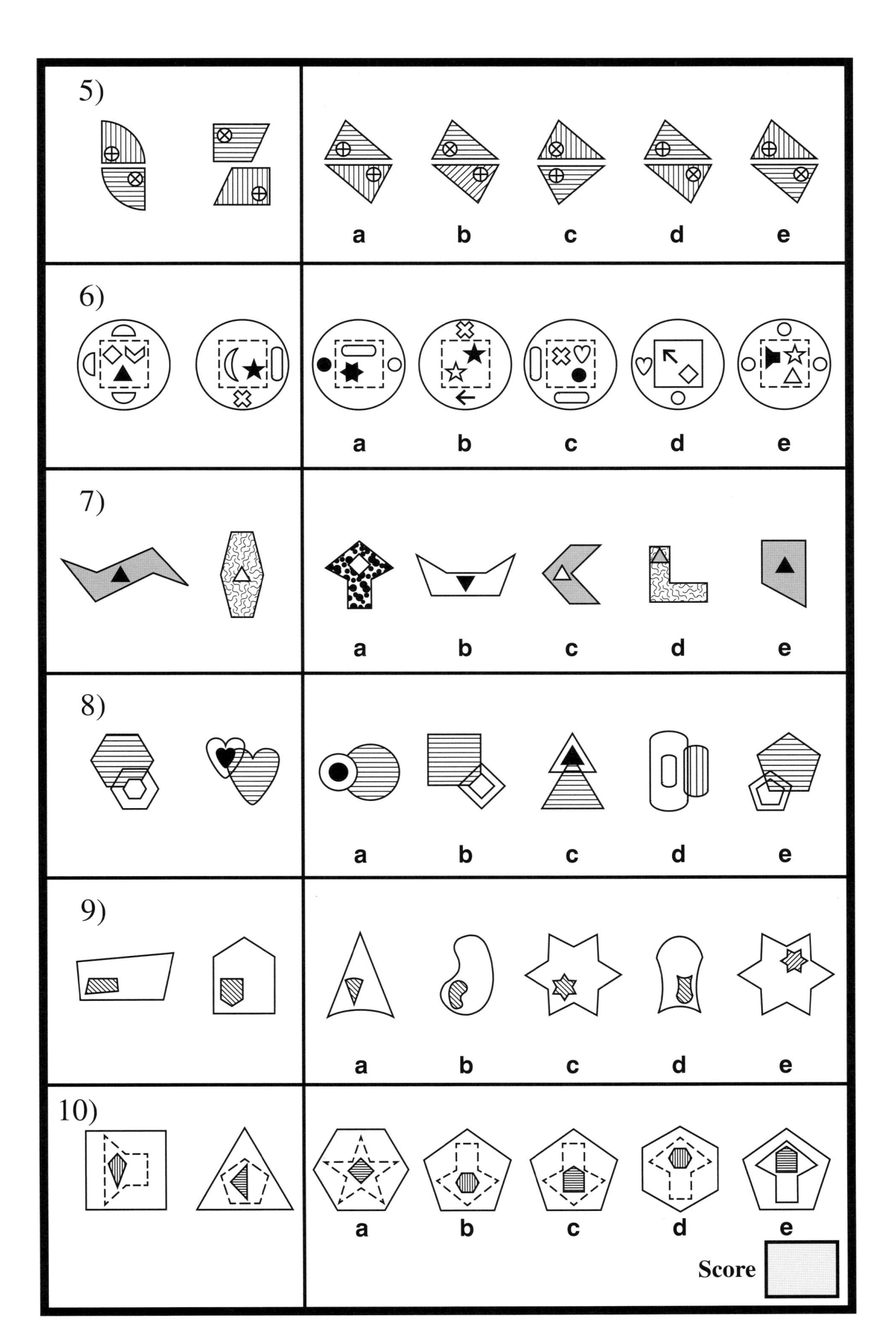

5)

6)

7)

8)

9)

10)

Score

Non-verbal Reasoning Test 33
Series

To the left of each of the lines below there are five squares arranged in order. One of these squares has been left empty. Find which one of the five squares on the right should take the place of the empty square.

Example

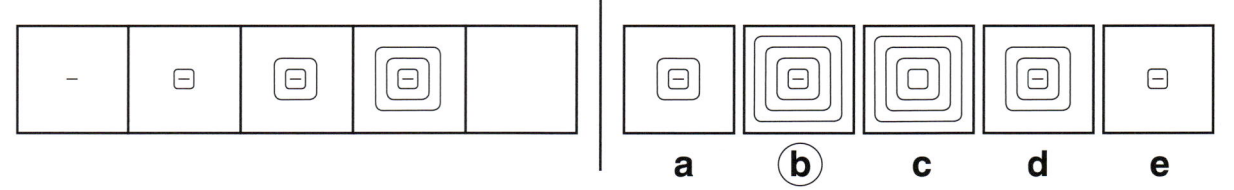

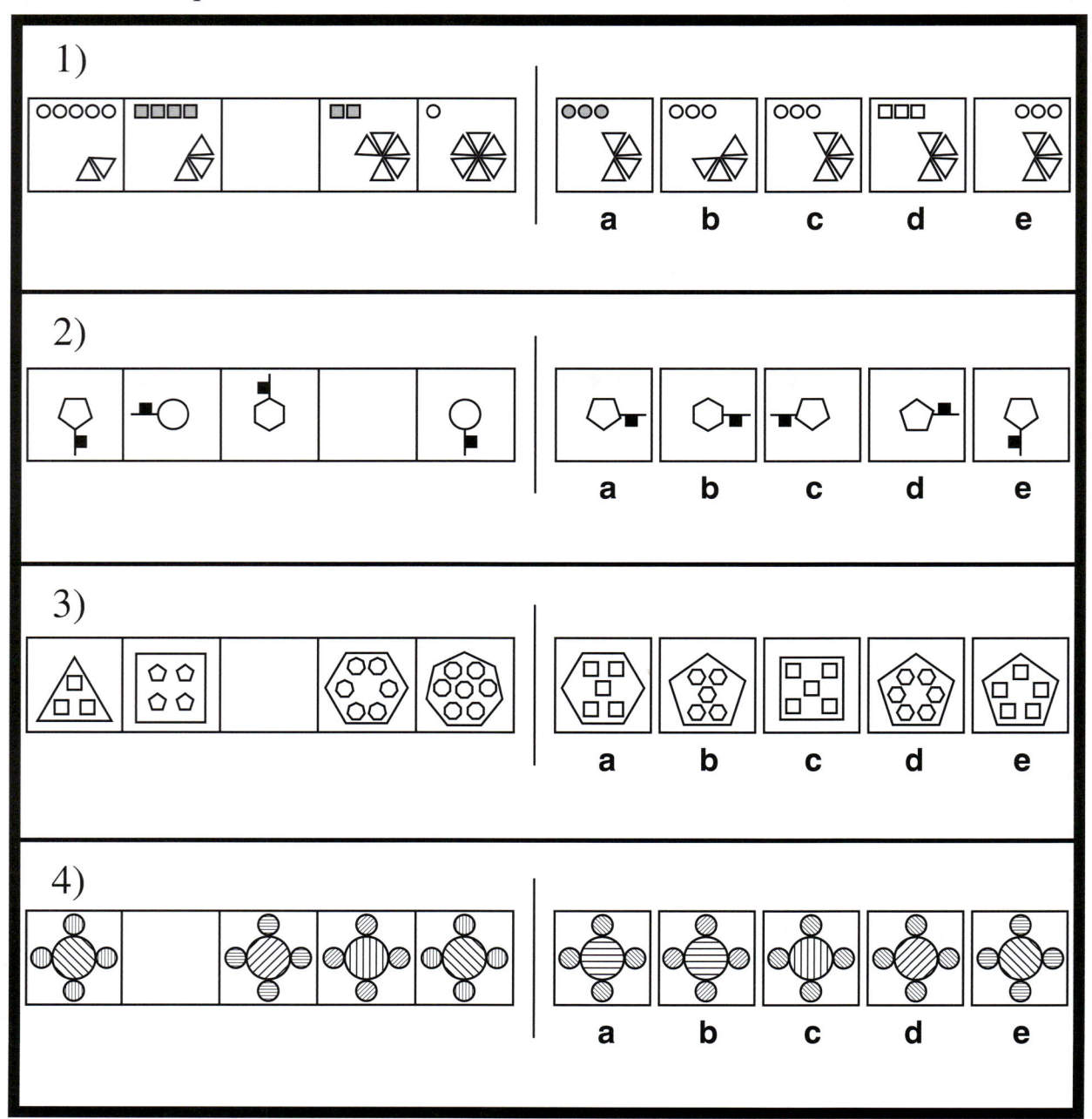

Now do the questions below. Circle the correct answer.

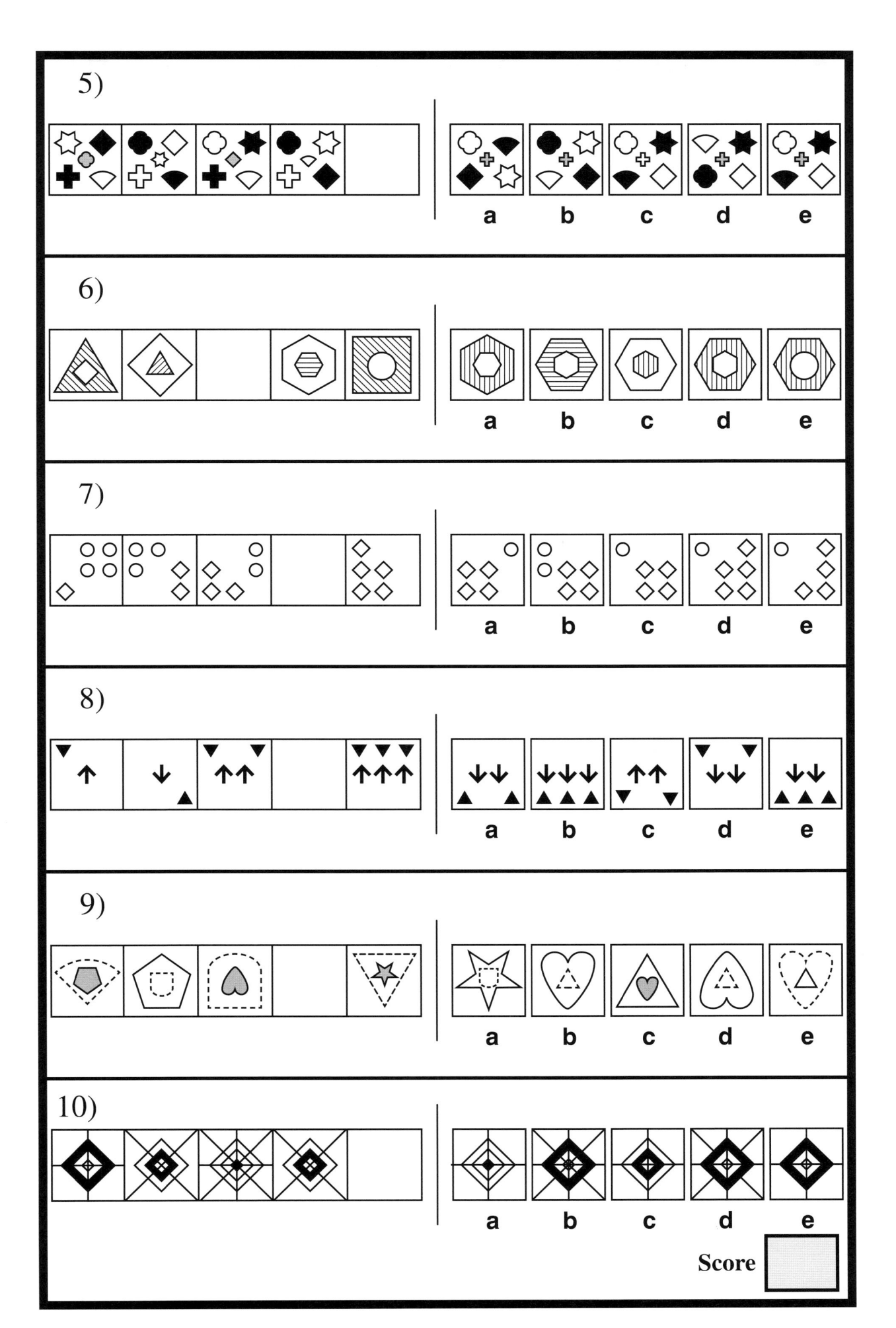

5)

Non-verbal Reasoning Test 34
Matrices

In the big square on the left of each line below, one of the small squares has been left empty. One of the five figures on the right should fill the empty square. Find this figure.

Example

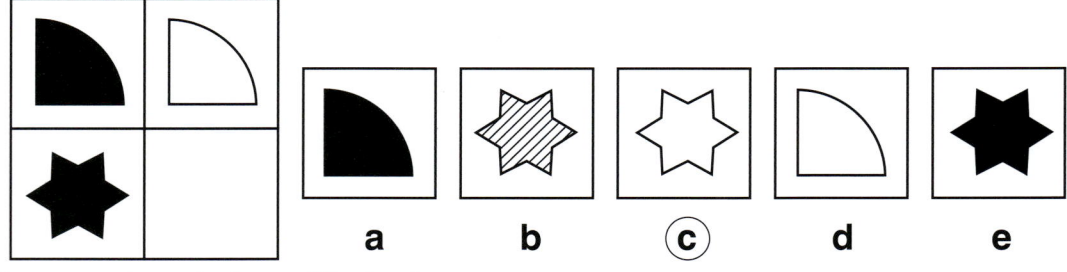

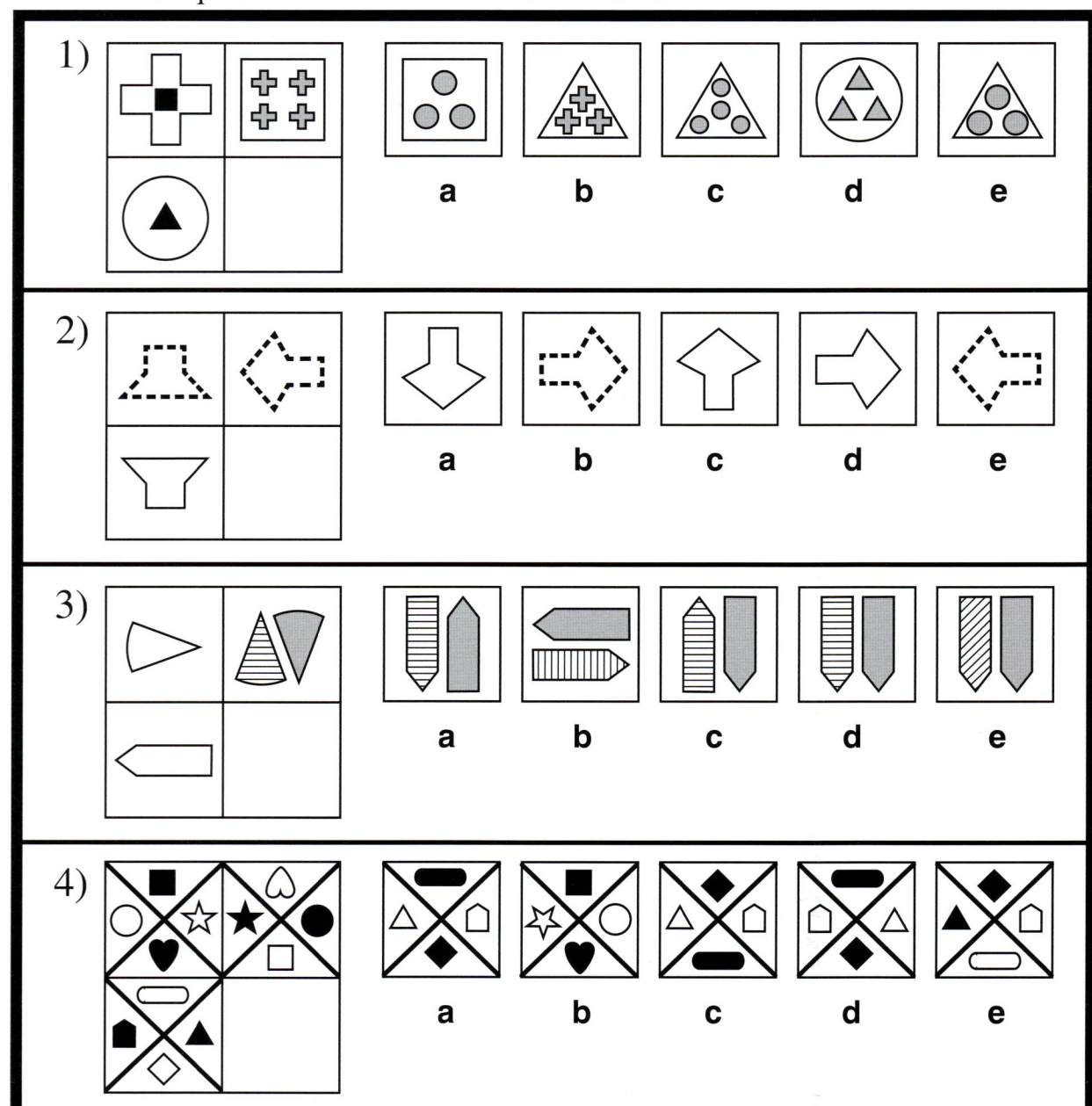

Now do the questions below. Circle the correct answer.

5)

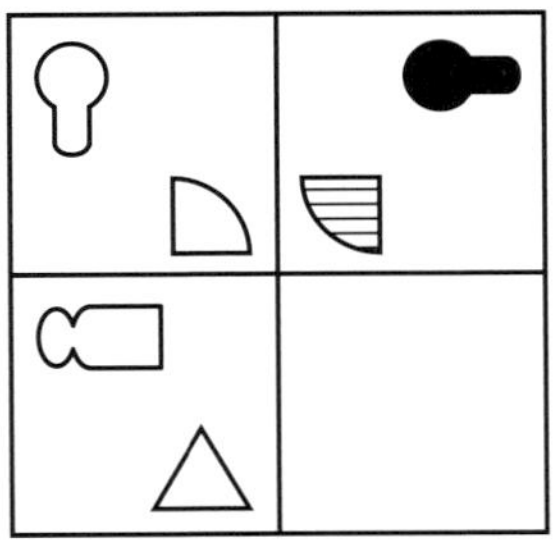

a b c d e

6)

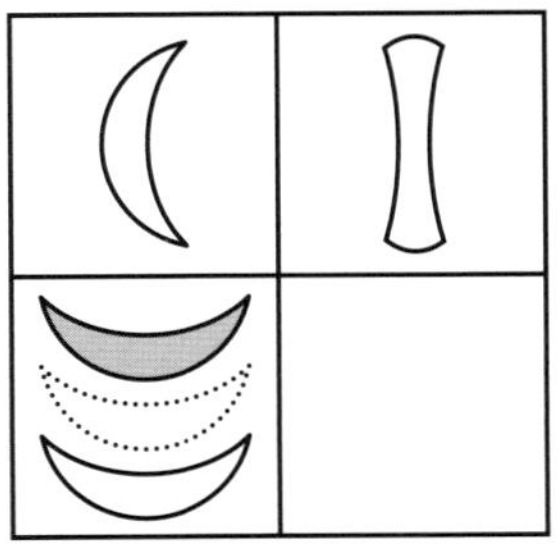

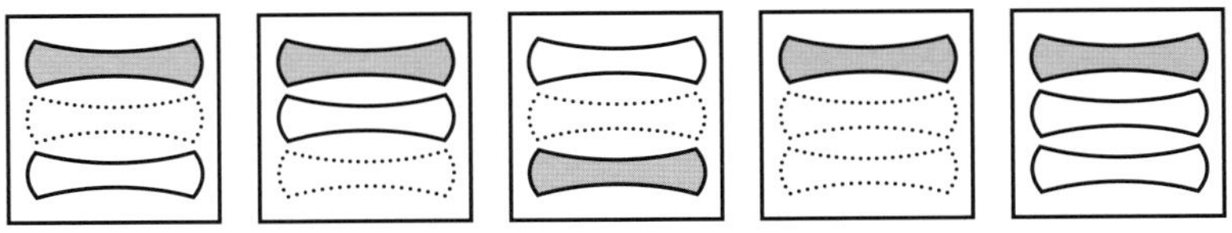

a b c d e

7)

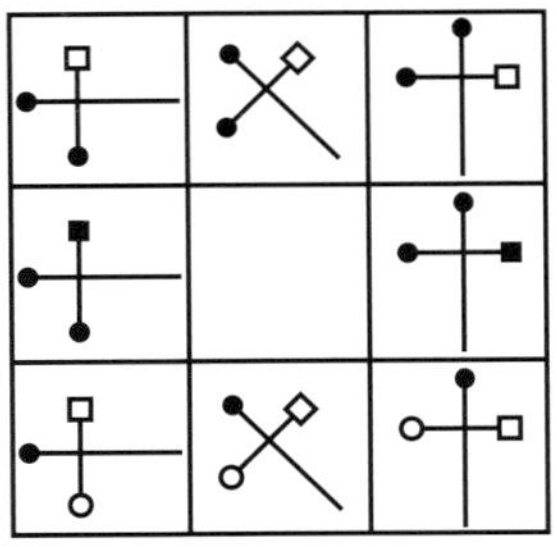

a b c d e

8)

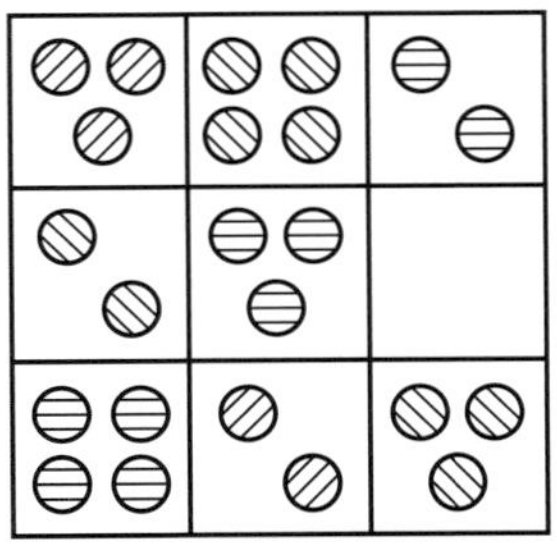

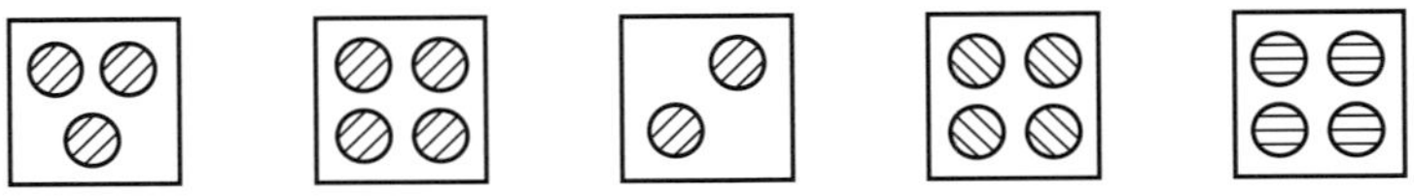

a b c d e

9)

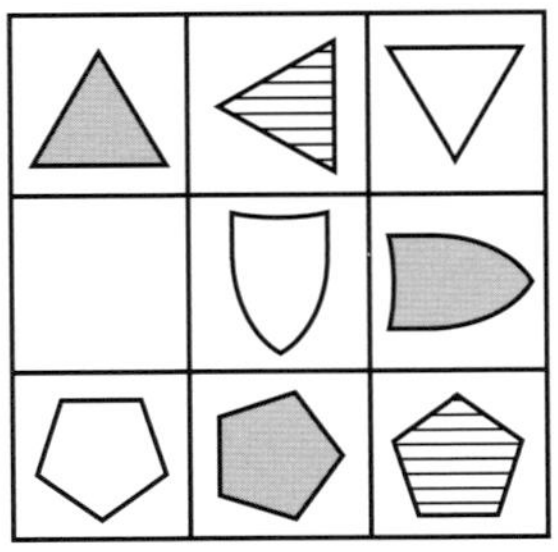

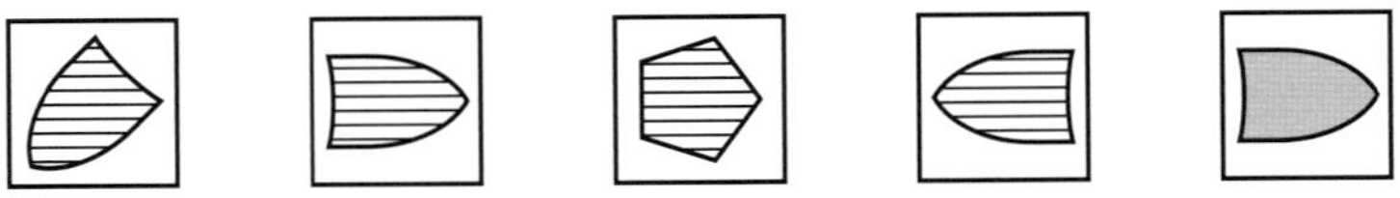

a b c d e

10)

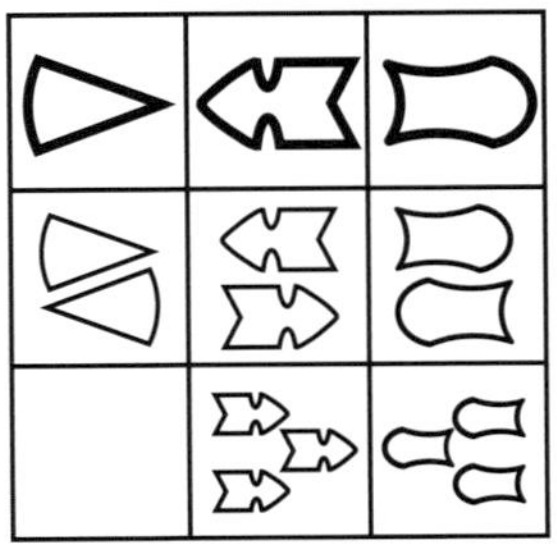

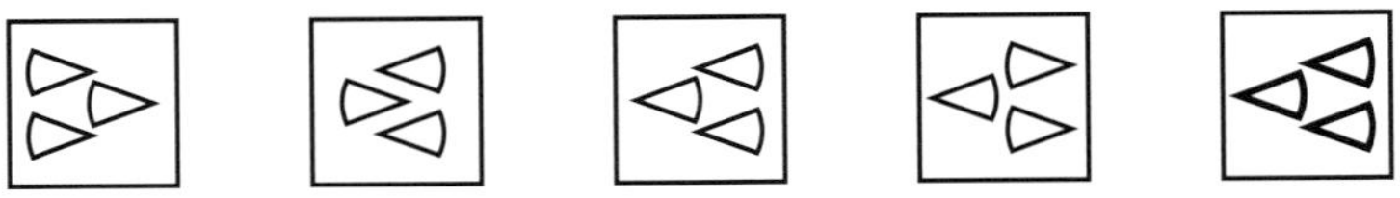

a b c d e

Score

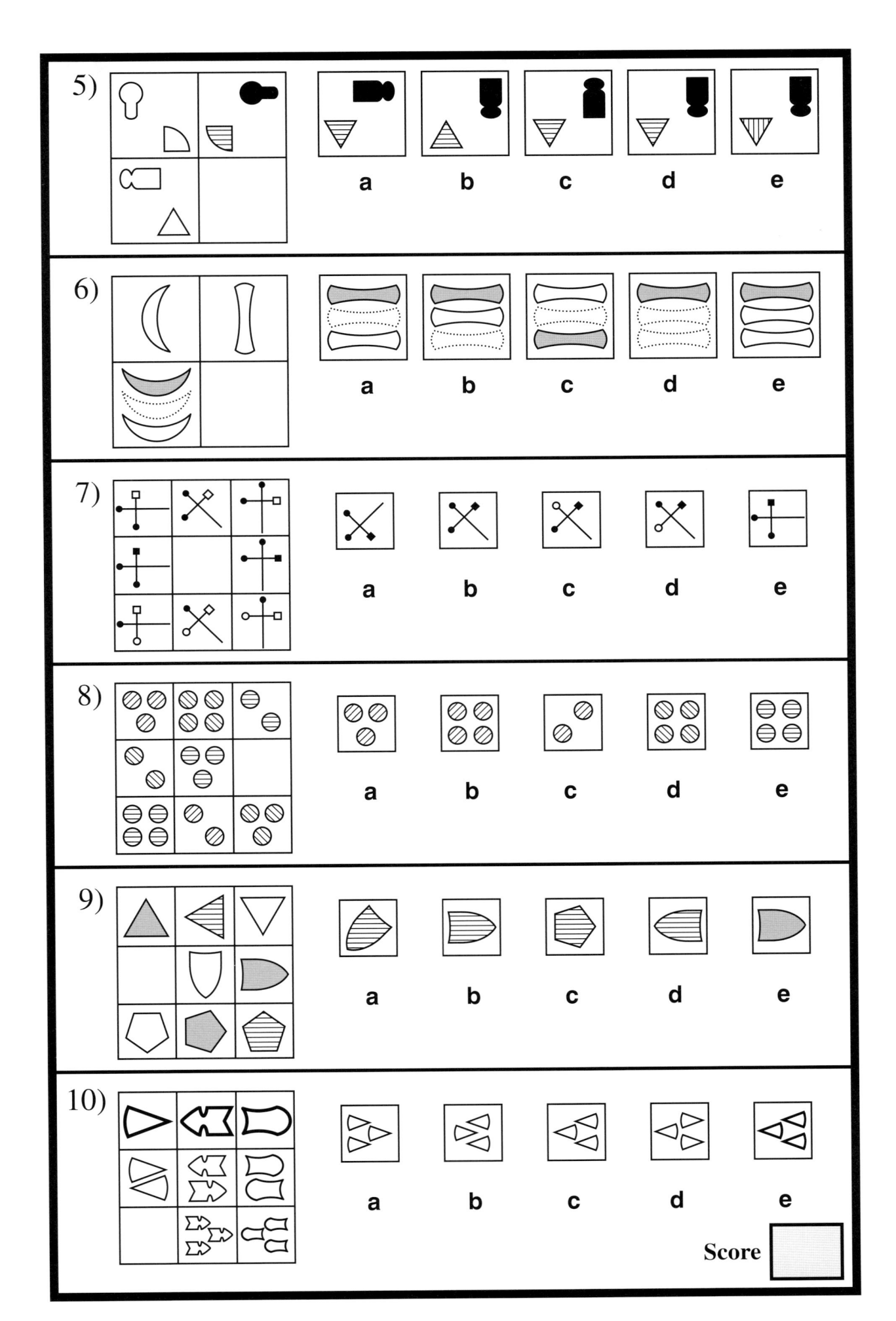

Non-verbal Reasoning Test 35
Odd One Out

In each of the rows below there are five figures. Find one figure in each row that is **most unlike** the other four.

Example

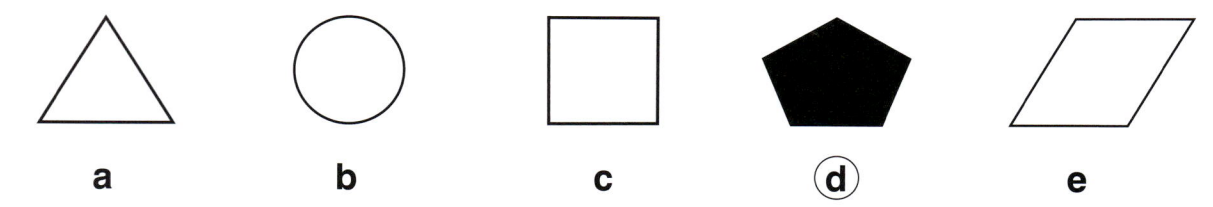

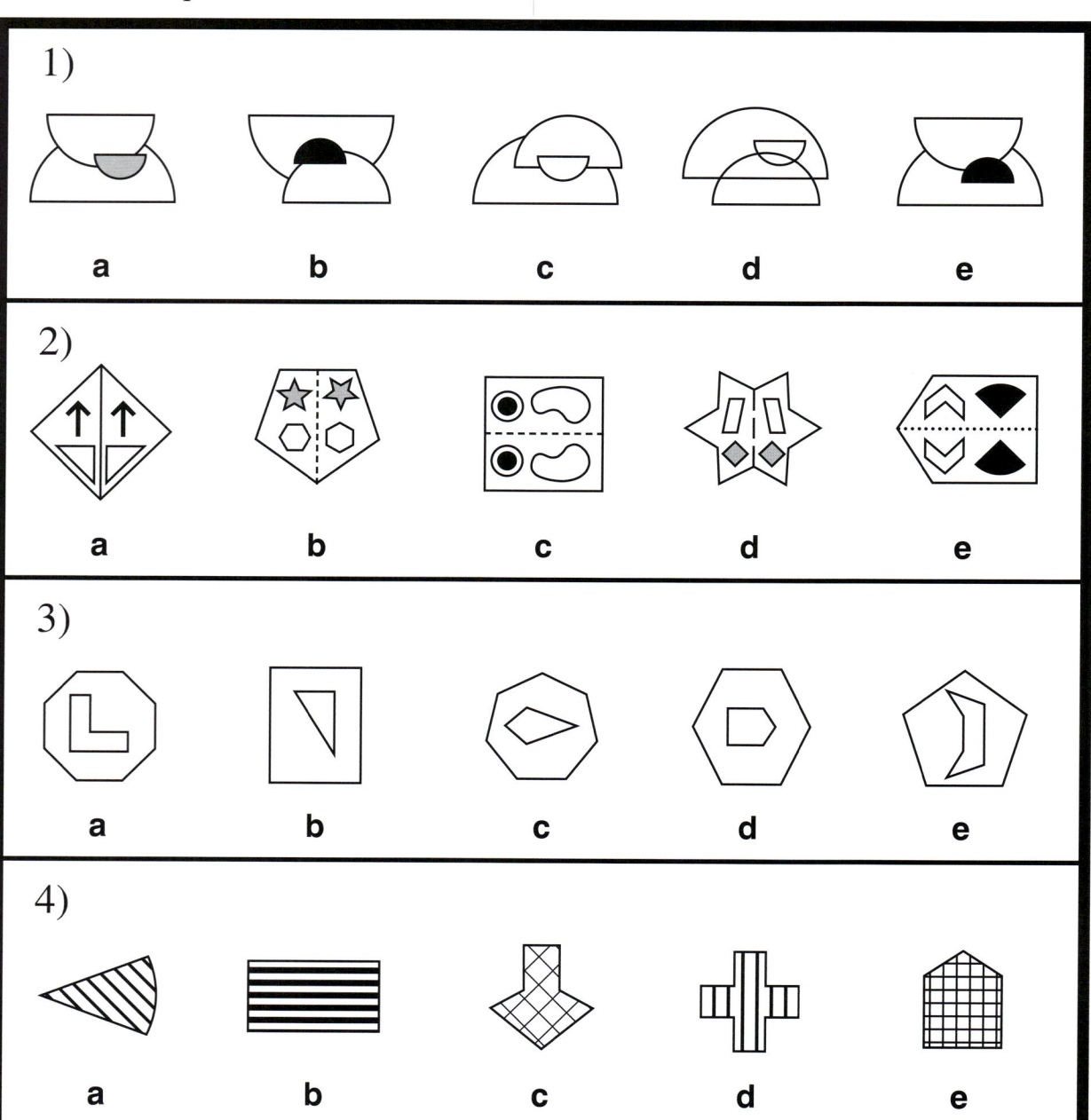

a   b   c   d   e

Now do the questions below. Circle the correct answer.

1)
a   b   c   d   e

2)
a   b   c   d   e

3)
a   b   c   d   e

4)
a   b   c   d   e

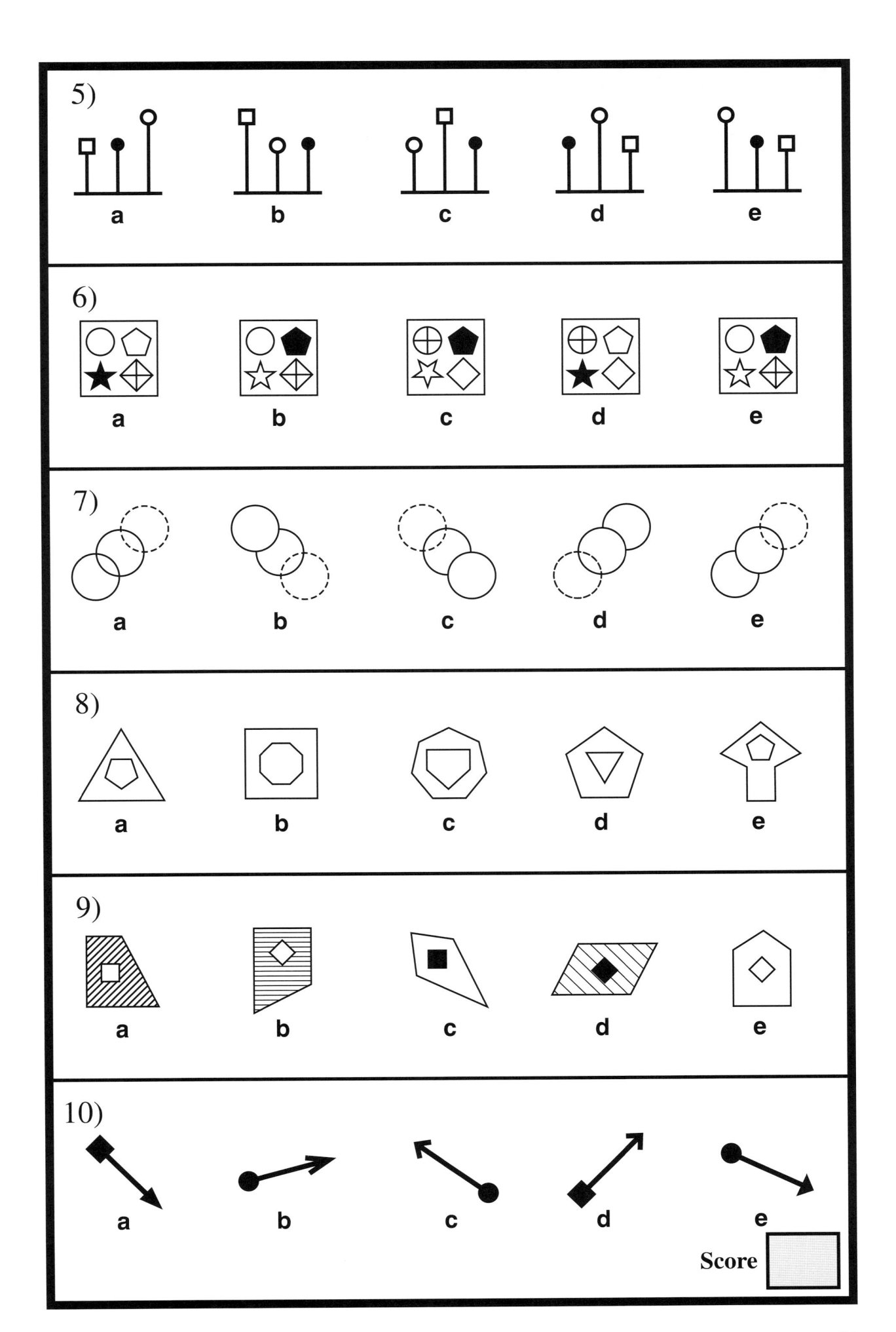

5)

6)

7)

8)

9)

10)

Score

Non-verbal Reasoning Test 36
Codes

The following shapes correspond to the codes below them. You must decide how the code letters go with the shapes and then find the correct code for the Test Shape.

Example

AR	BS	BT	TEST SHAPE	BR	AS	AT	BS	AR
				(a)	b	c	d	e

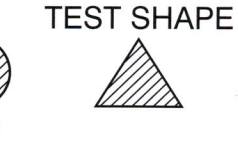

The first letter stands for the type of fill: **A** - White Fill; **B** - Shaded Fill.
The second letter stands for each shape: **R** - Triangle; **S** - Arrow; **T** - Circle.
The answer is **BR**: B for Shaded Fill; R for Triangle.

Now do the questions below. Circle the correct answer.

---

1)

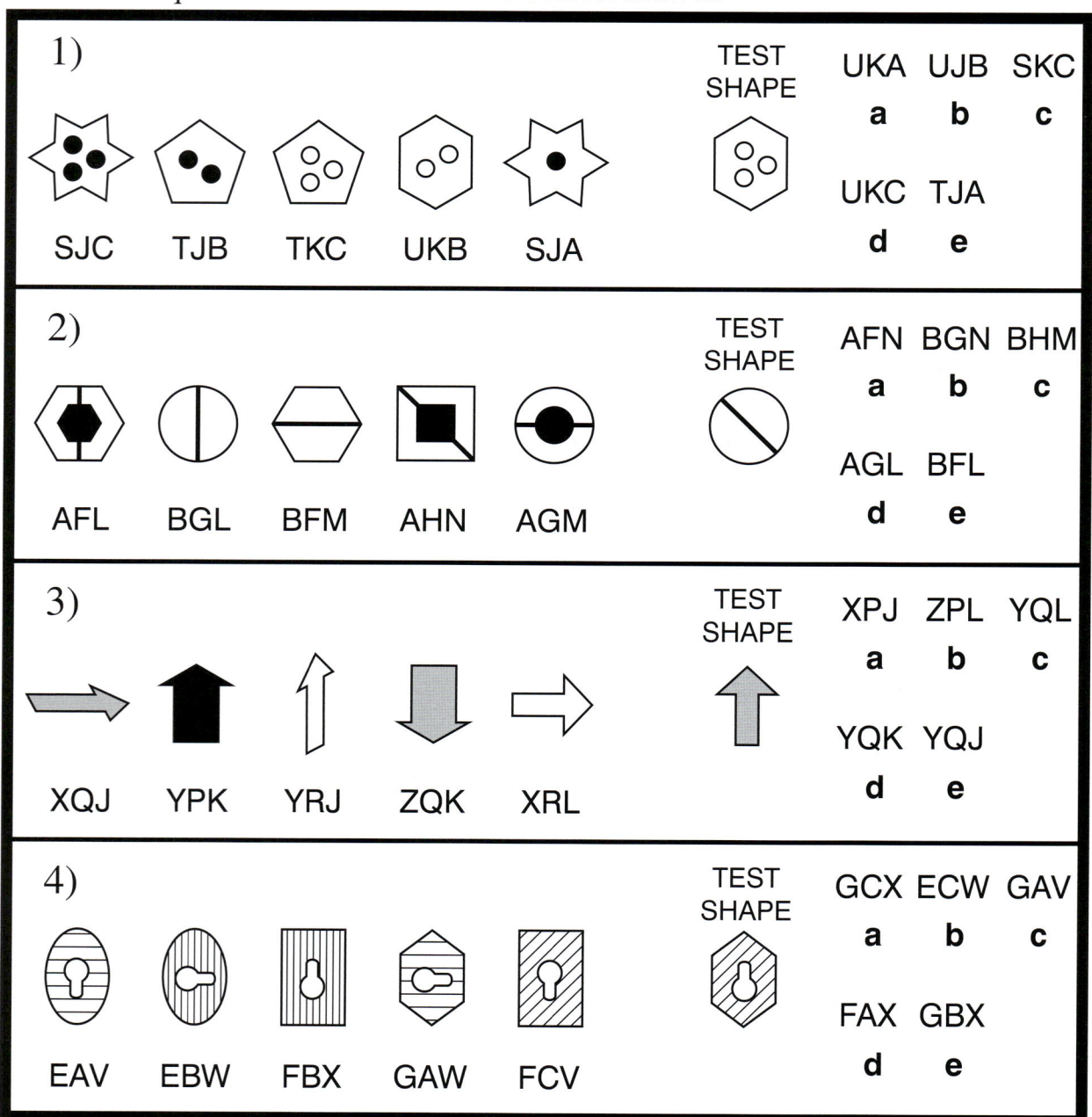

SJC   TJB   TKC   UKB   SJA

TEST SHAPE

UKA	UJB	SKC
a	b	c

UKC	TJA
d	e

---

2)

AFL   BGL   BFM   AHN   AGM

TEST SHAPE

AFN	BGN	BHM
a	b	c

AGL	BFL
d	e

---

3)

XQJ   YPK   YRJ   ZQK   XRL

TEST SHAPE

XPJ	ZPL	YQL
a	b	c

YQK	YQJ
d	e

---

4)

EAV   EBW   FBX   GAW   FCV

TEST SHAPE

GCX	ECW	GAV
a	b	c

FAX	GBX
d	e

---

72   © 2010 Stephen Curran

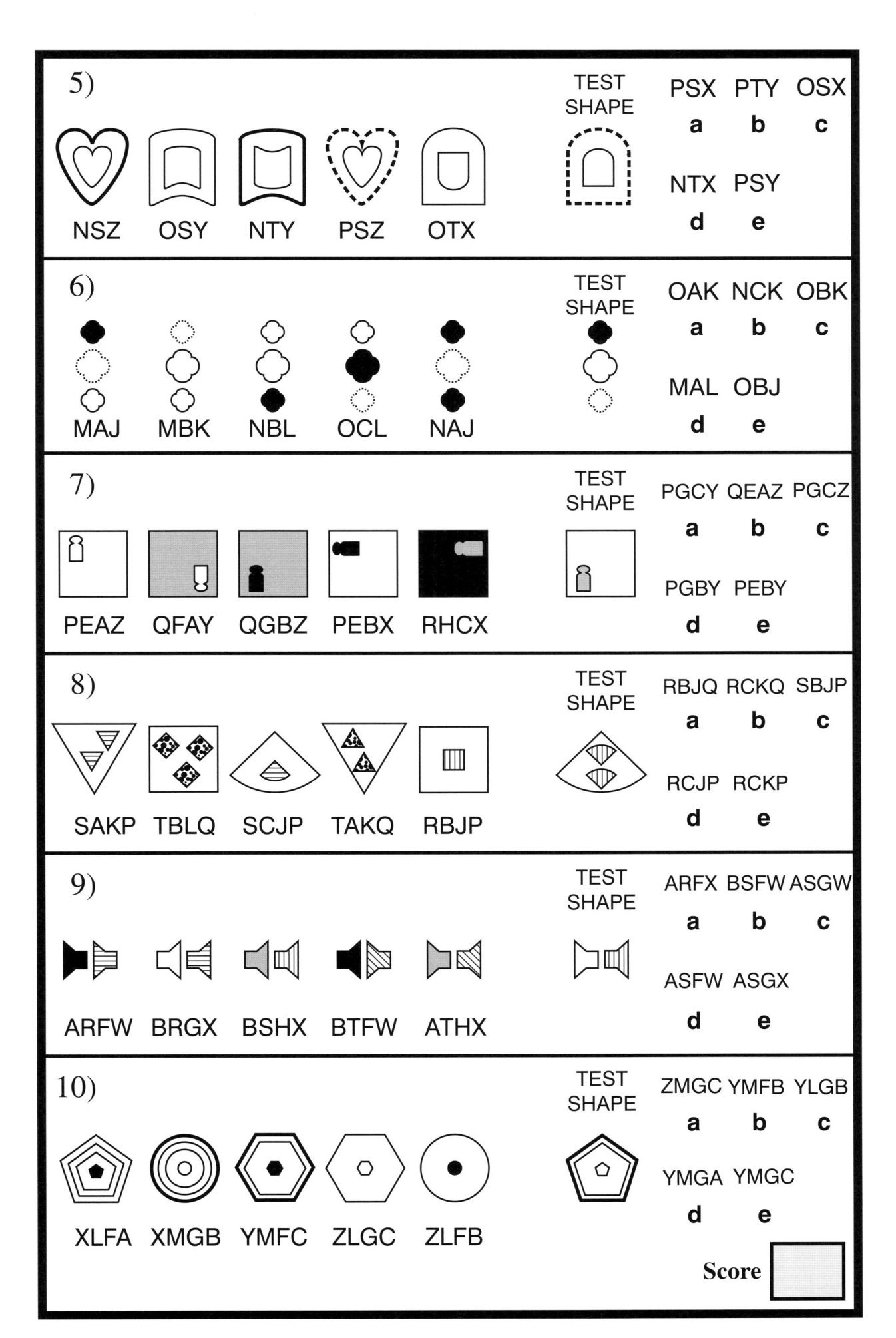

5)

heart (double outline)	NSZ
book (open, solid)	OSY
book (curved, solid)	NTY
heart (dashed)	PSZ
arch with inner shape	OTX

TEST SHAPE: arch (dashed)

a) PSX   b) PTY   c) OSX
d) NTX   e) PSY

6)

solid/dotted/outline clovers	MAJ
outline/dotted/outline	MBK
outline/outline/solid	NBL
outline/solid/dotted	OCL
solid/dotted/solid	NAJ

TEST SHAPE: solid / outline / dotted

a) OAK   b) NCK   c) OBK
d) MAL   e) OBJ

7)

white square, white bottle	PEAZ
gray square, gray bottle	QFAY
gray square, black bottle	QGBZ
white square, black bottle	PEBX
black square, white bottle	RHCX

TEST SHAPE: white square, gray bottle

a) PGCY   b) QEAZ   c) PGCZ
d) PGBY   e) PEBY

8)

triangle with striped triangle	SAKP
square with patterned diamonds	TBLQ
fan with striped shape	SCJP
triangle with patterned triangles	TAKQ
square with striped rectangle	RBJP

TEST SHAPE: fan with striped triangles

a) RBJQ   b) RCKQ   c) SBJP
d) RCJP   e) RCKP

9)

black/striped speaker	ARFW
white/striped speaker	BRGX
gray/striped speaker	BSHX
black/striped speaker	BTFW
gray/striped speaker	ATHX

TEST SHAPE: white/striped speaker

a) ARFX   b) BSFW   c) ASGW
d) ASFW   e) ASGX

10)

pentagon with pentagon	XLFA
circles with circle	XMGB
hexagons with hexagon	YMFC
hexagon with hexagon	ZLGC
circle with circle	ZLFB

TEST SHAPE: pentagon with pentagon

a) ZMGC   b) YMFB   c) YLGB
d) YMGA   e) YMGC

Score [ ]

ae © 2010 Stephen Curran   73

Non-verbal Reasoning Test 37
Analogies

On the left of each row are two shapes with an arrow between them. Decide how the second shape is related to the first. After these there is a third shape, then an arrow and then five more shapes. Decide which of the five shapes goes with the third shape to make a pair like the two shapes on the left.

Example

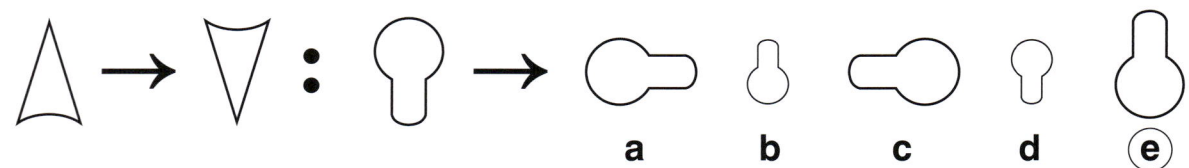

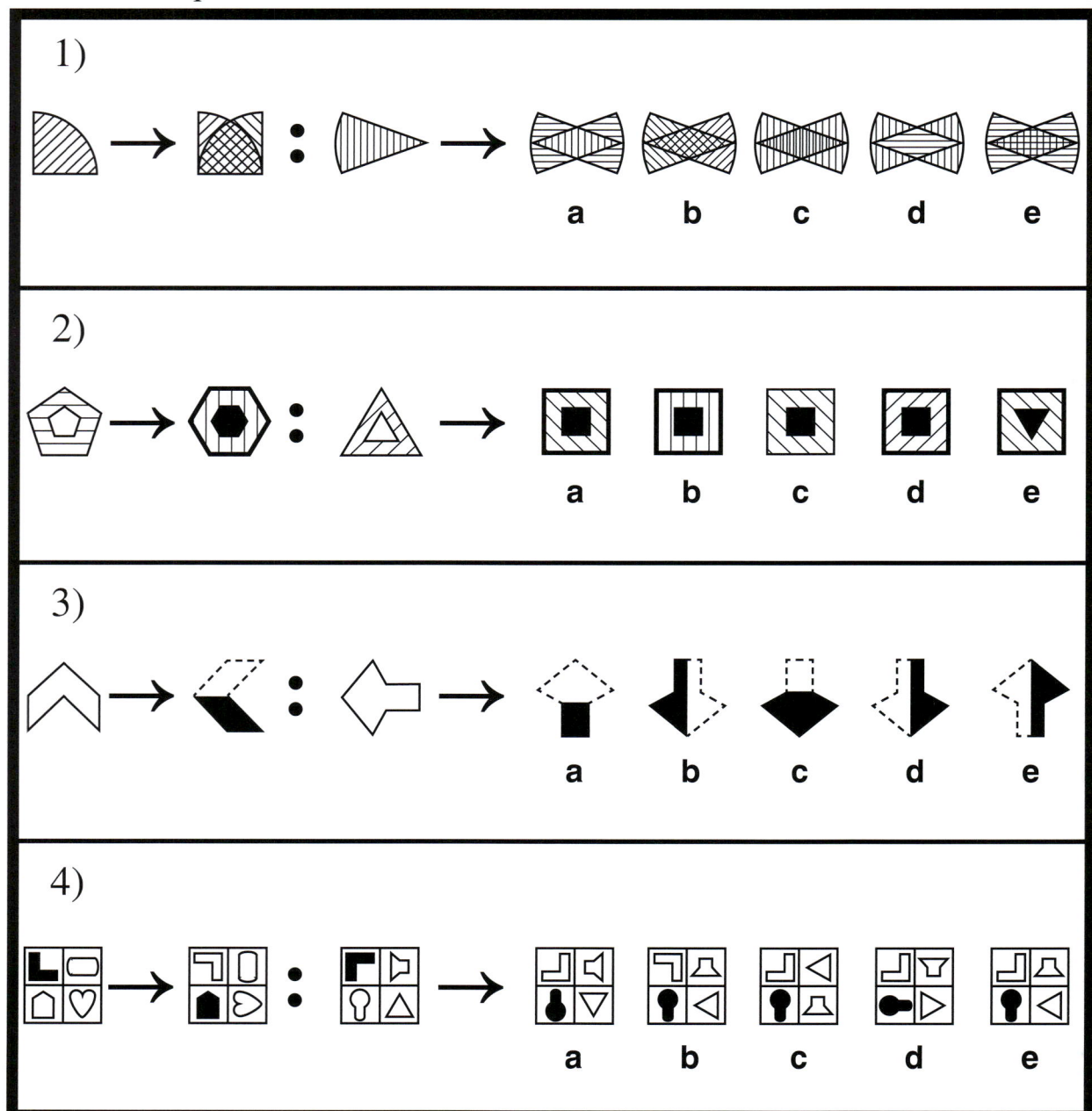

Now do the questions below. Circle the correct answer.

5)

SF → **ꟻS** : **NR** → **ᴙN NᴙNR RN NR Nᴙ**
            a   b   c   d   e

6)

7)

8)

9)

10)

Score

Non-verbal Reasoning Test 38
Similarities

On the left of each of the rows below there are two figures that are alike. On the right there are five more figures. Find which one of these five is **most like** the two figures on the left.

Example

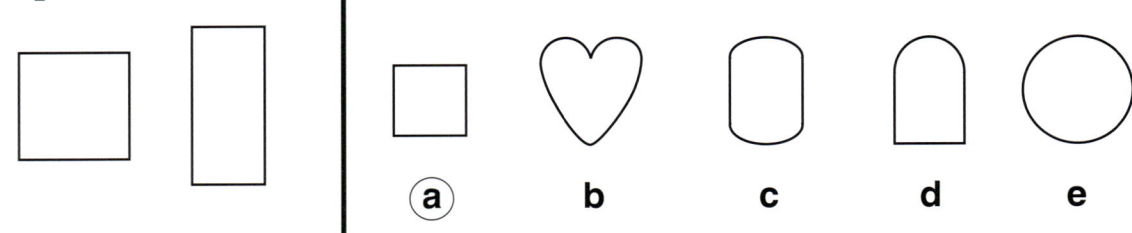

a b c d e

Now do the questions below. Circle the correct answer.

1) a b c d e

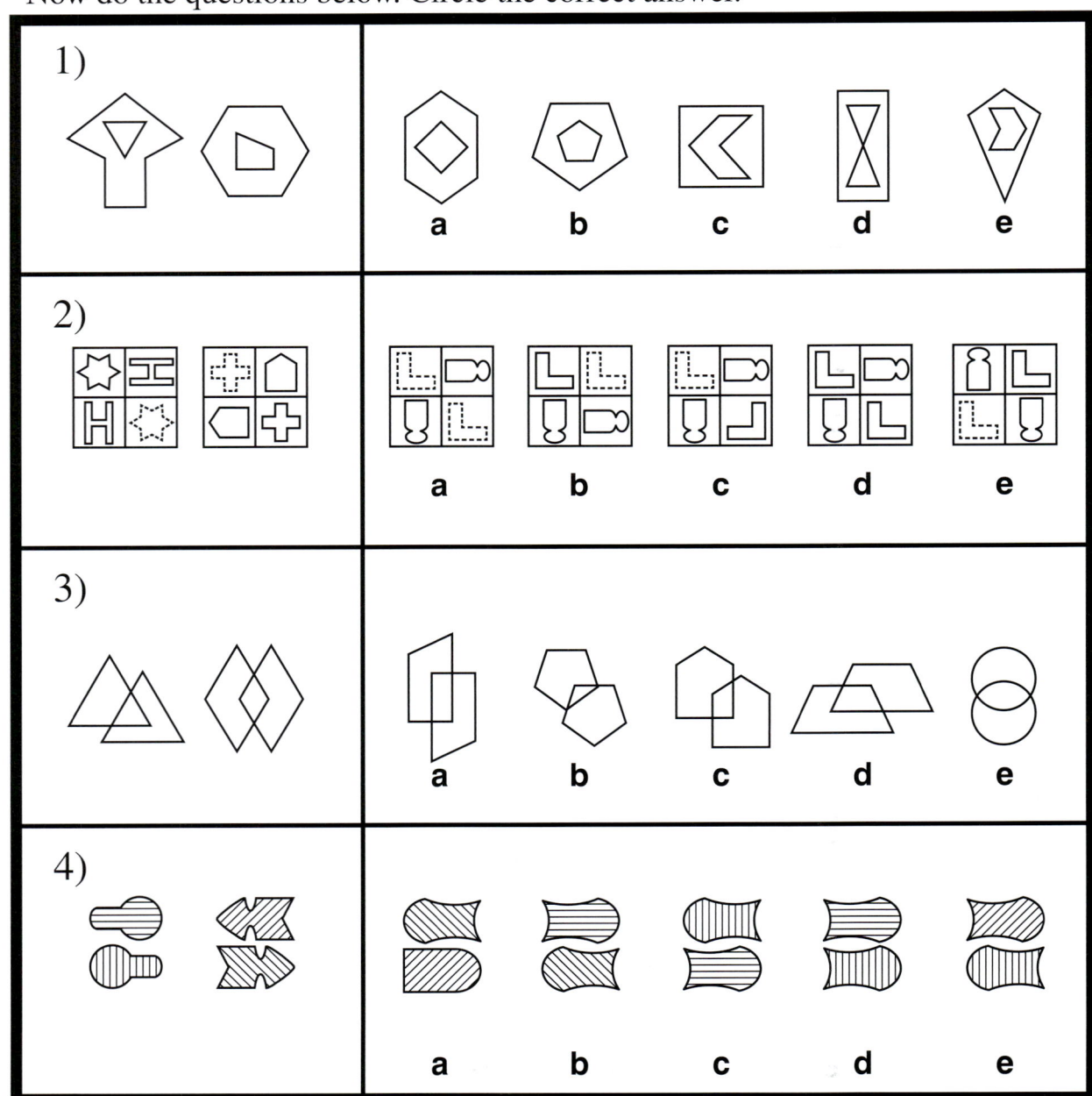

2) a b c d e

3) a b c d e

4) a b c d e

76 © 2010 Stephen Curran

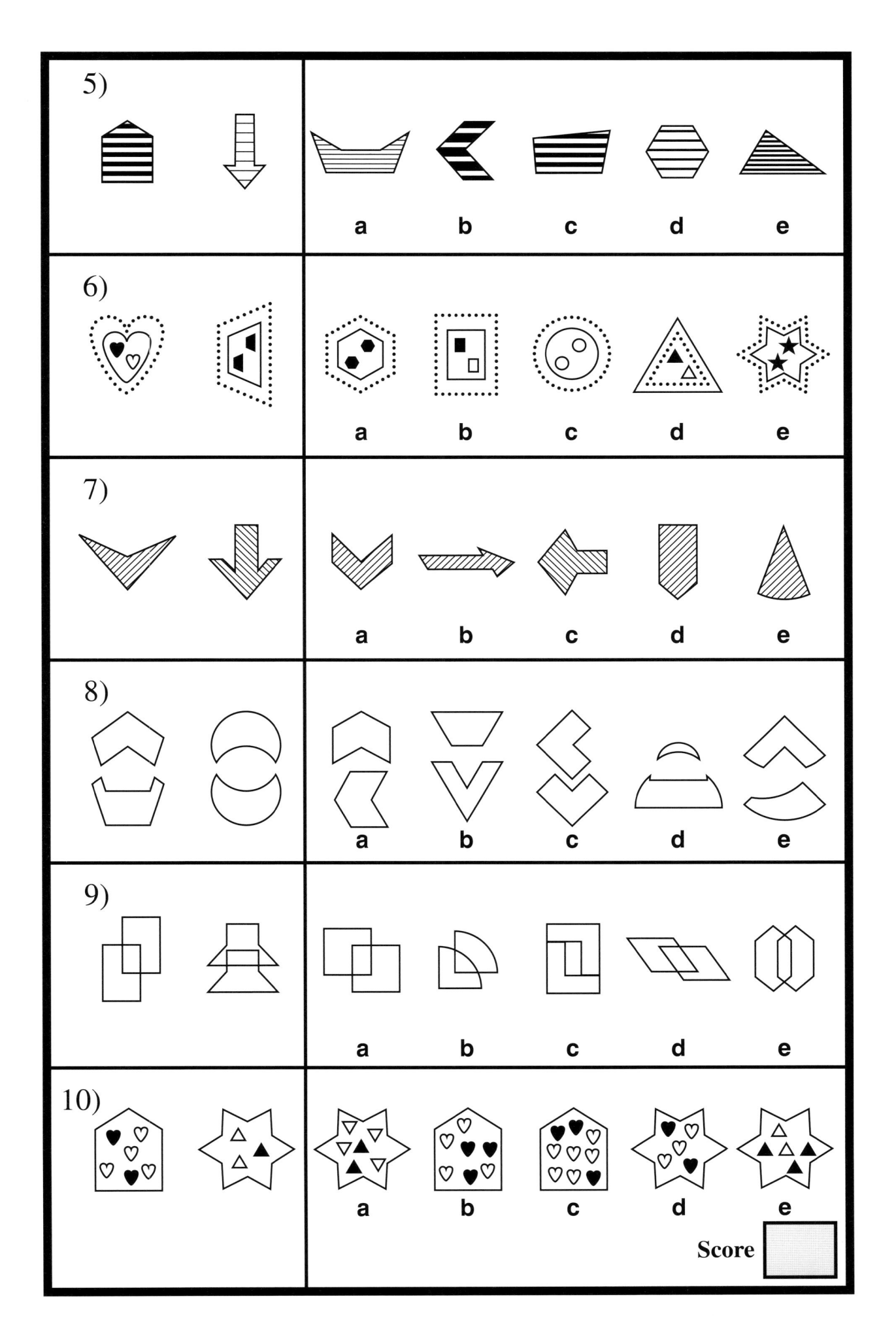

5)

| | a | b | c | d | e |

6)

| | a | b | c | d | e |

7)

| | a | b | c | d | e |

8)

| | a | b | c | d | e |

9)

| | a | b | c | d | e |

10)

| | a | b | c | d | e |

Score

Non-verbal Reasoning Test 39
Series

To the left of each of the lines below there are five squares arranged in order. One of these squares has been left empty. Find which one of the five squares on the right should take the place of the empty square.

Example

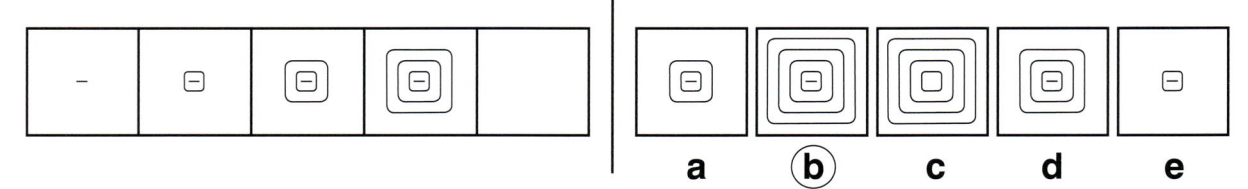

Now do the questions below. Circle the correct answer.

1)

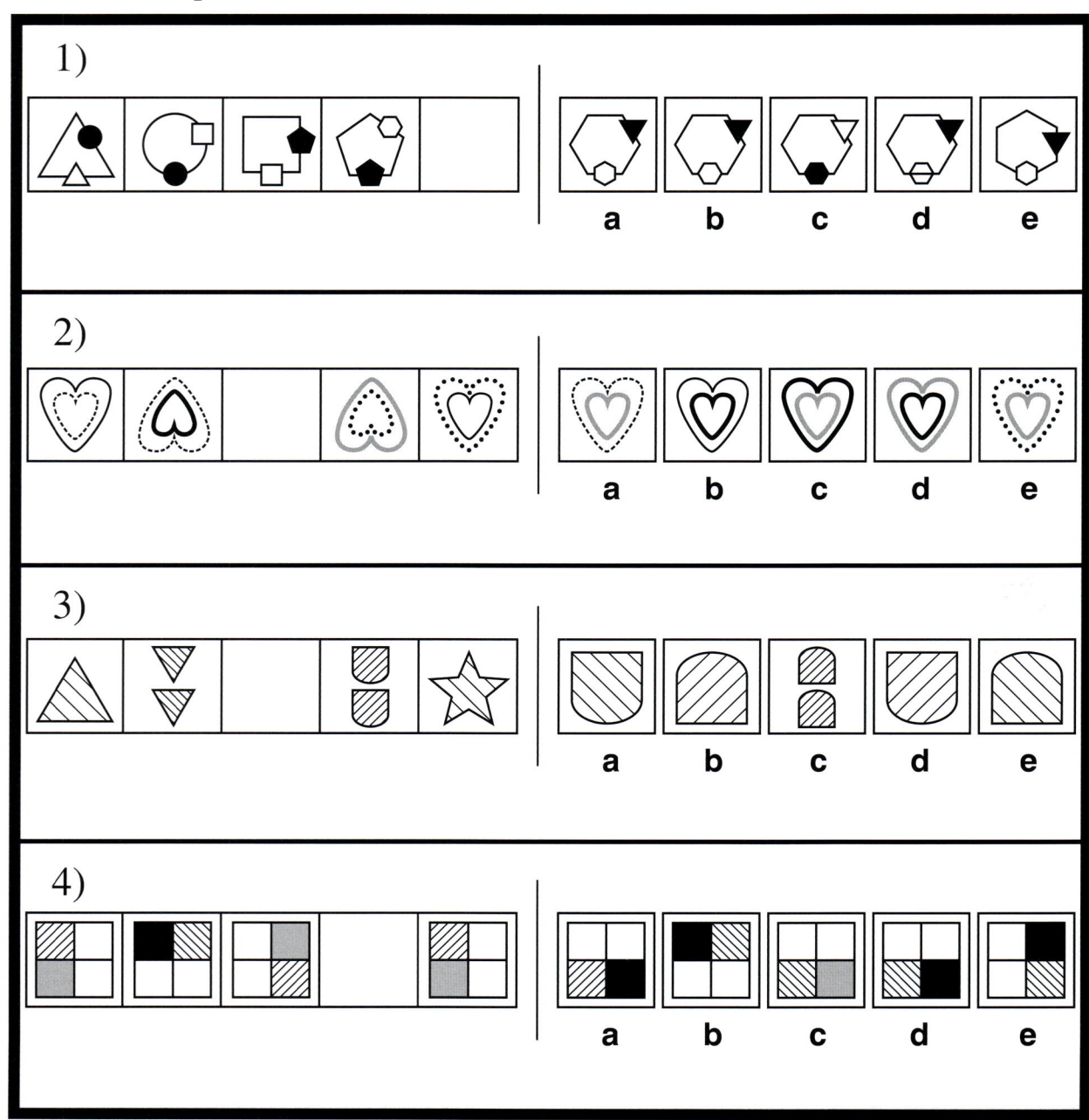

2)

3)

4)

5)
6)
7)
8)
9)
10)

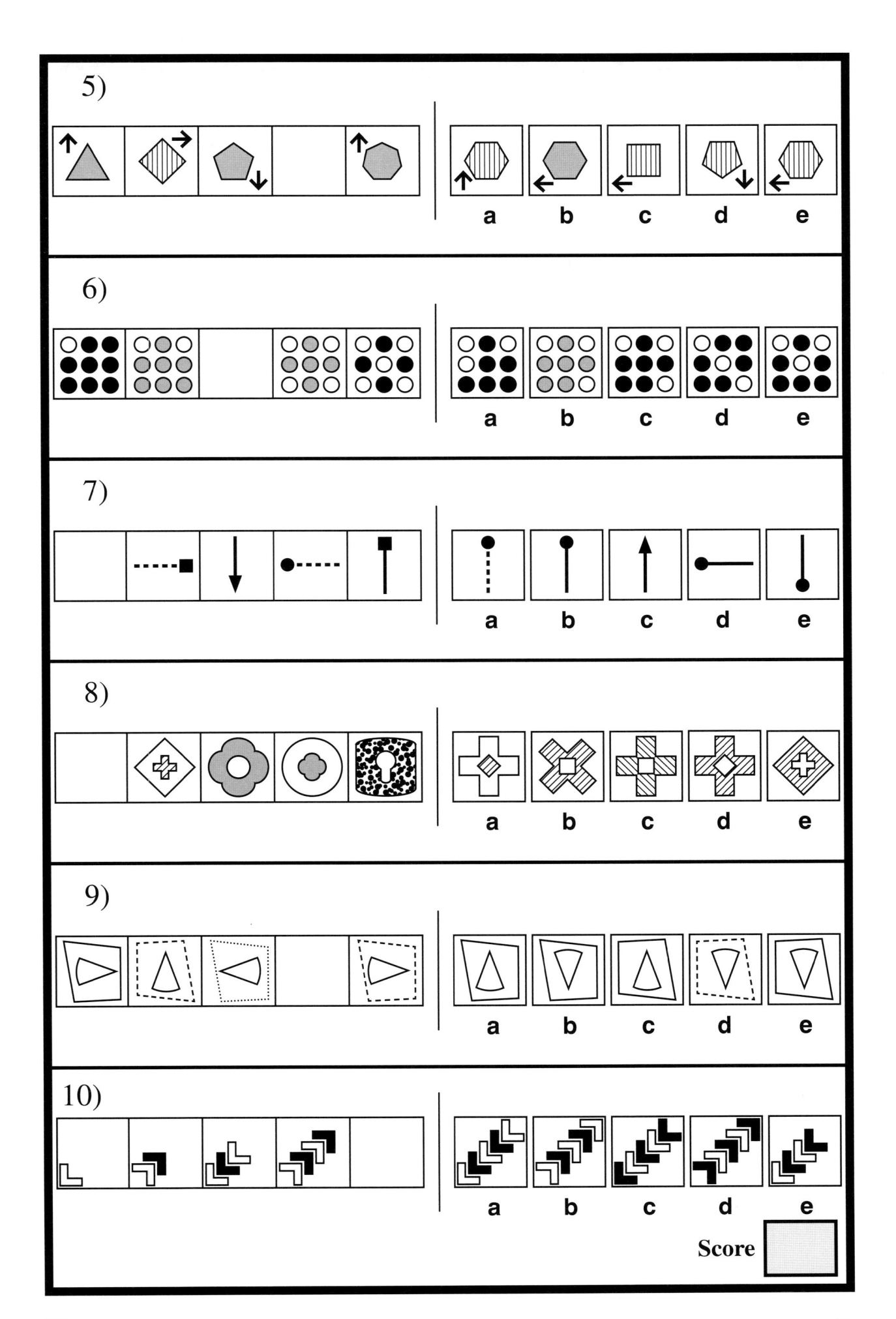

Non-verbal Reasoning Test 40
Matrices

In the big square on the left of each line below, one of the small squares has been left empty. One of the five figures on the right should fill the empty square. Find this figure.

Example

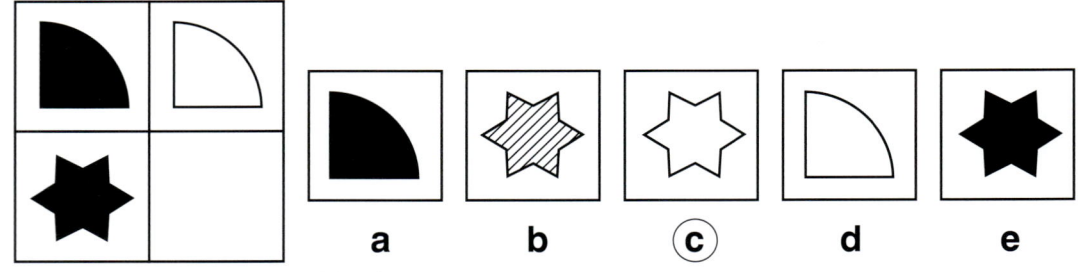

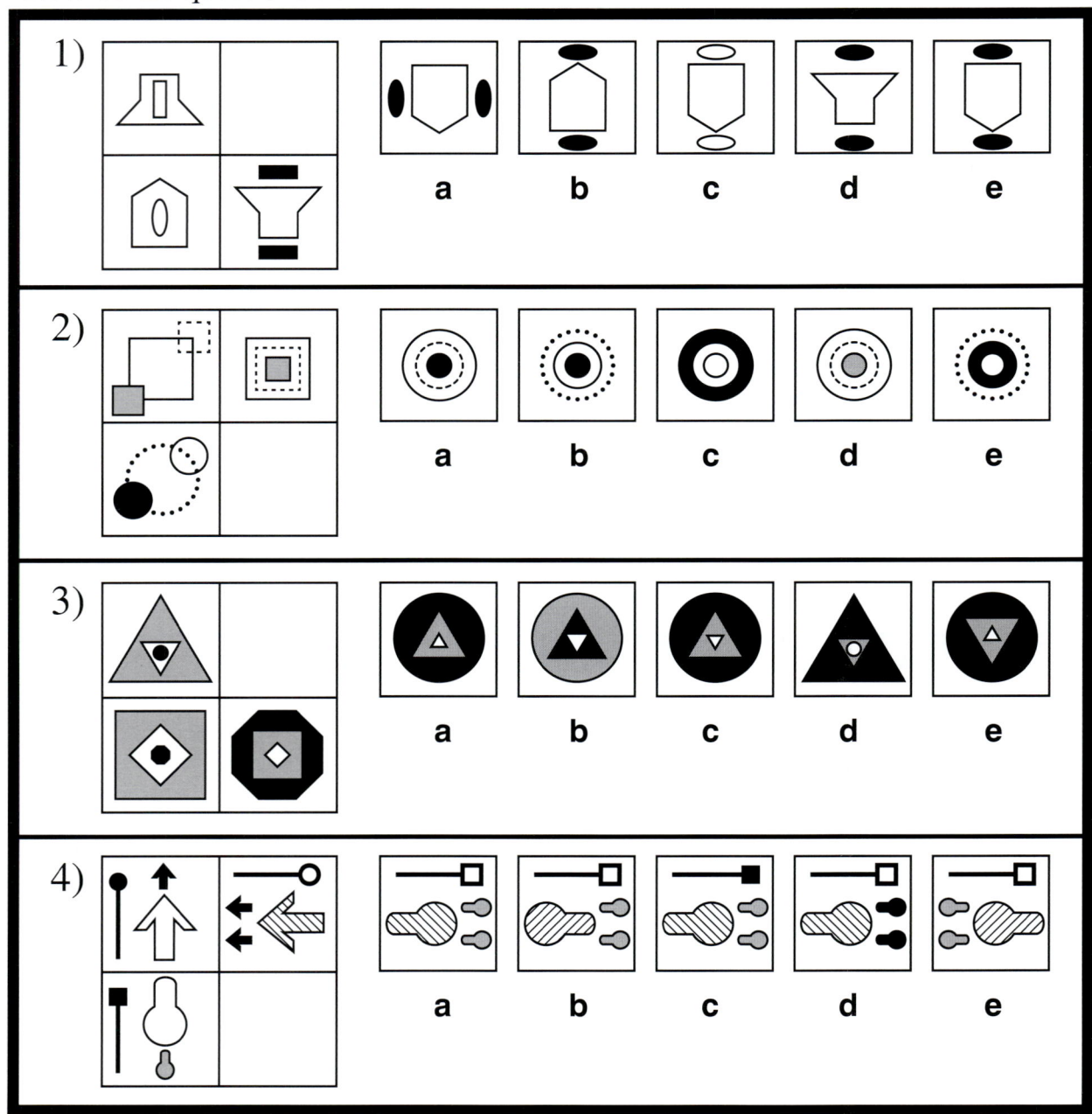

Now do the questions below. Circle the correct answer.

5) 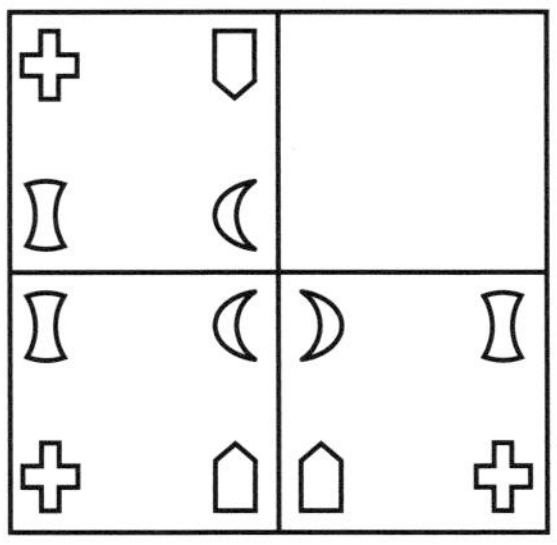

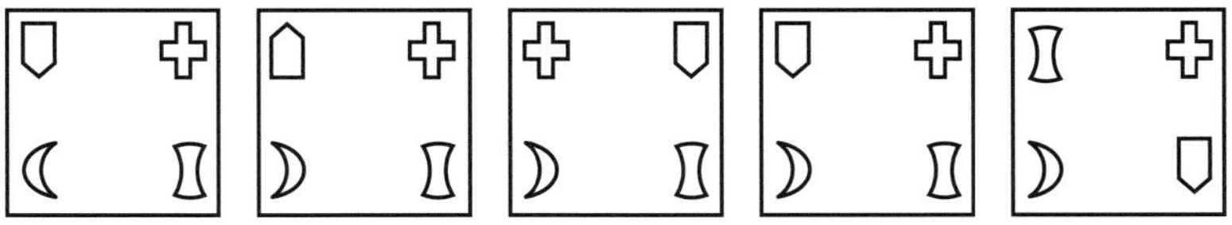

a b c d e

6) 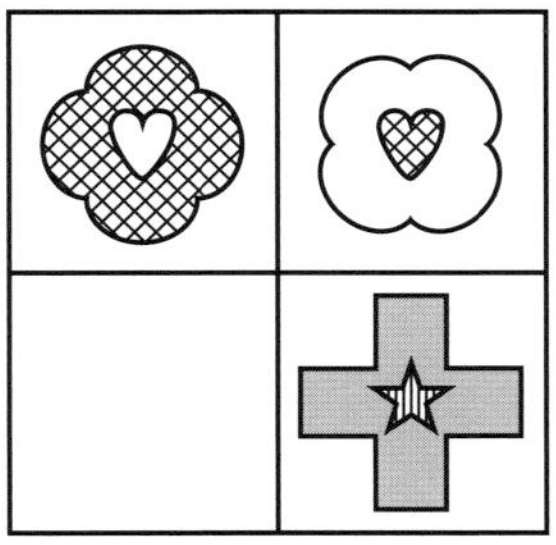

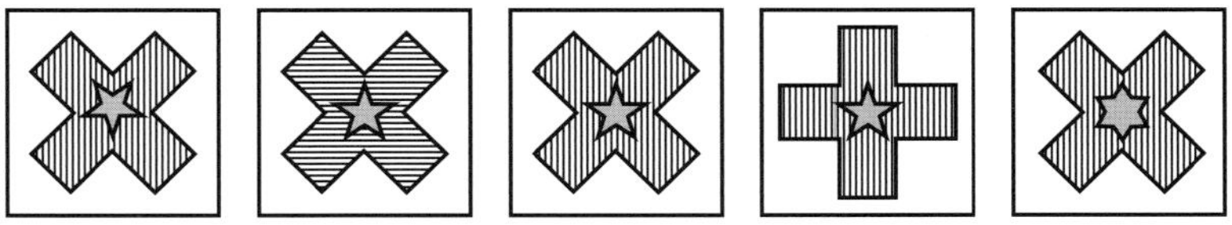

a b c d e

7) 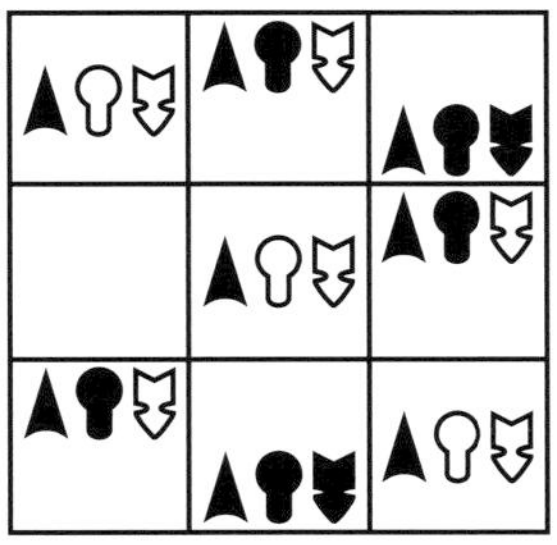

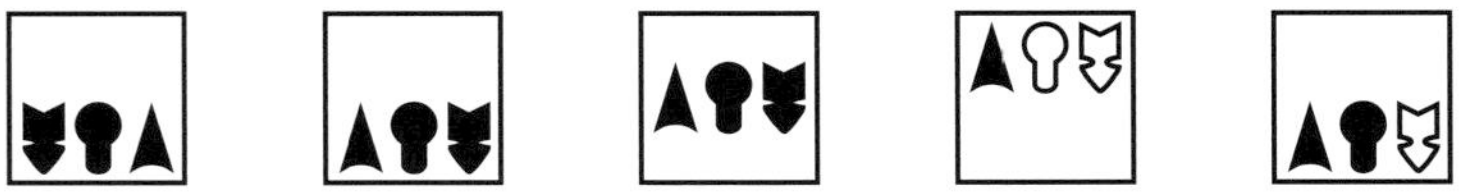

a b c d e

8) 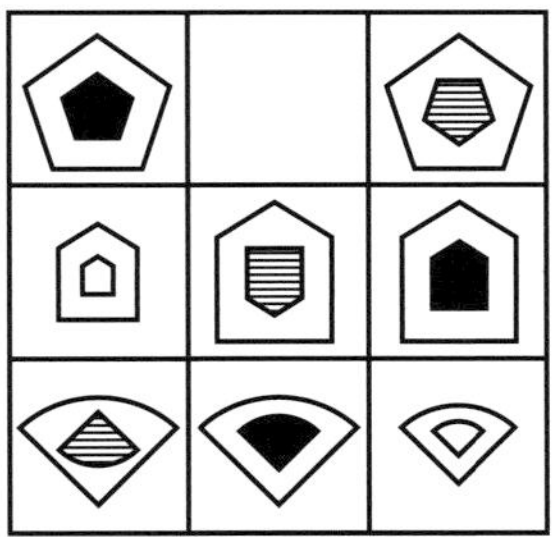

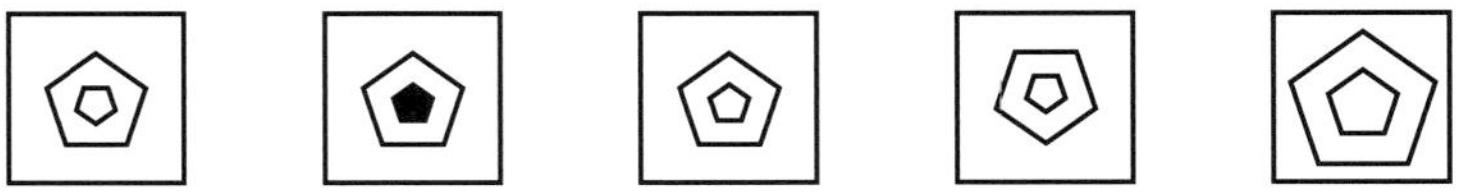

a b c d e

9) 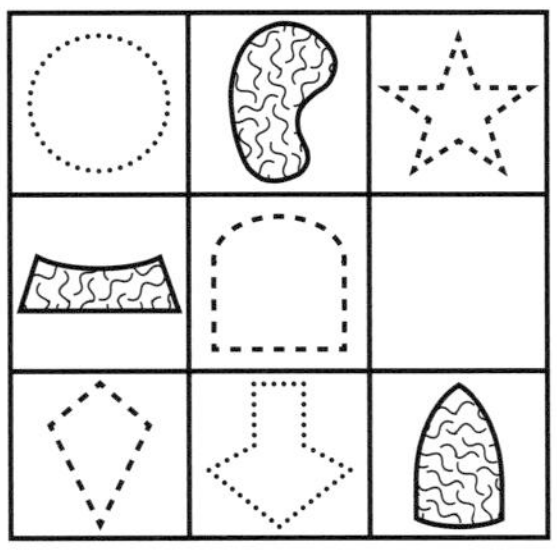

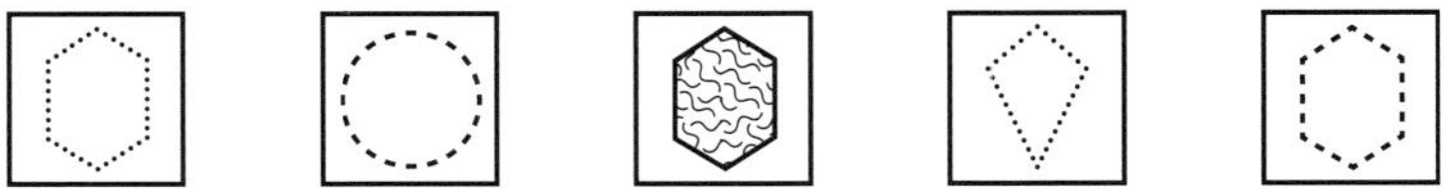

a b c d e

10) 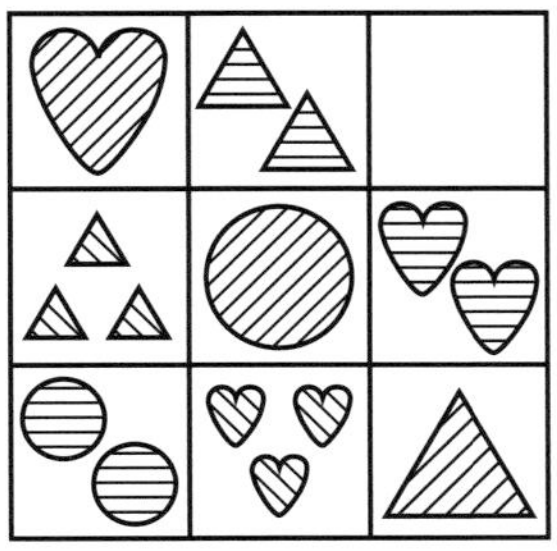

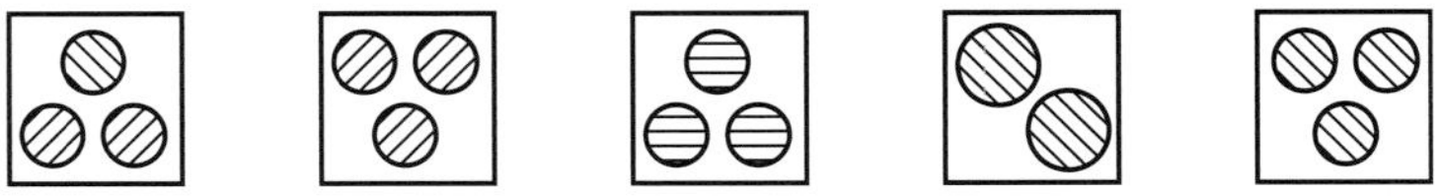

a b c d e

Score

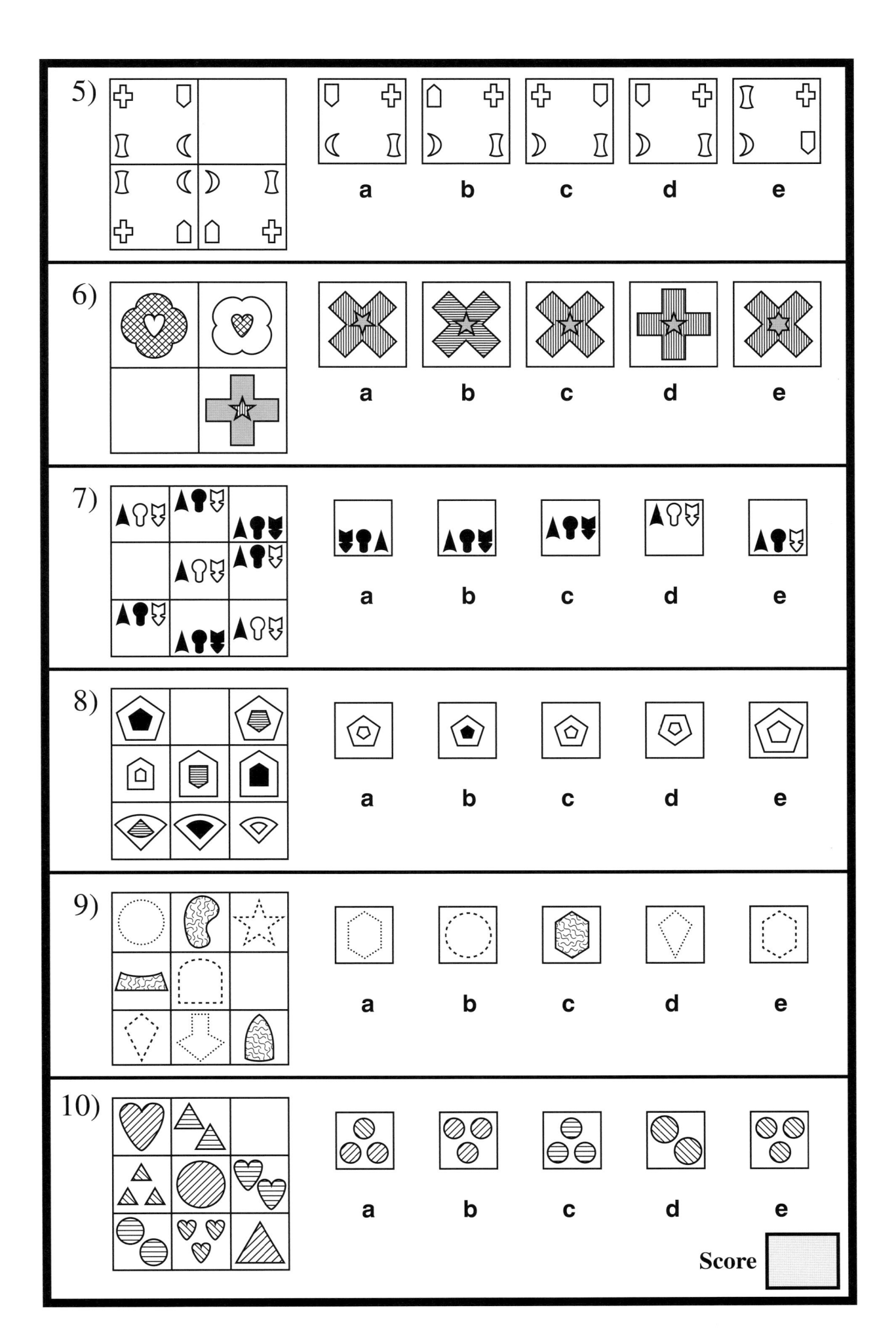

Answers

11+ Non-verbal Reasoning
Year 5-7 Testbook 1

Test 1
1) **a**
2) **c**
3) **c**
4) **b**
5) **b**
6) **e**
7) **b**
8) **d**
9) **a**
10) **c**

Test 2
1) **b**
2) **c**
3) **c**
4) **e**
5) **b**
6) **d**
7) **d**
8) **d**
9) **b**
10) **d**

Test 3
1) **b**
2) **b**
3) **d**
4) **c**
5) **d**
6) **d**
7) **c**
8) **b** and **e**
9) **c**
10) **b**

Test 4
1) **d**
2) **d**
3) **c**
4) **b**
5) **a**
6) **a**
7) **c**
8) **c** and **e**
9) **a**
10) **a**

Test 5
1) **a**
2) **d**
3) **b**
4) **c**
5) **a**
6) **d**
7) **d**
8) **b** and **e**
9) **a**
10) **d**

Test 6
1) **d**
2) **b**
3) **d**
4) **c**
5) **c**
6) **a**
7) **b**
8) **b**
9) **c**
10) **c**

Test 7
1) **a**
2) **c**
3) **b**
4) **a**
5) **b**
6) **b**
7) **b**
8) **c**
9) **c**
10) **b**

Test 8
1) **a**
2) **a**
3) **d**
4) **c**
5) **d**
6) **d**
7) **b**
8) **a** and **c**
9) **a**
10) **b**

Test 9
1) **c**
2) **c**
3) **a**
4) **b**
5) **a**
6) **b**
7) **c**
8) **b**
9) **a**
10) **e**

Test 10
1) **a**
2) **d**
3) **a**
4) **c**
5) **a**
6) **c**
7) **b**
8) **d**
9) **a** and **d**
10) **c**

Test 11
1) **d**
2) **b**
3) **d**
4) **e**

© 2010 Stephen Curran

11+ Non-verbal Reasoning
Year 5-7 Testbook 1

Answers

   5) **a**
   6) **d**
   7) **a**
   8) **b**
   9) **a**
10) **b**

Test 12
   1) **b**
   2) **b**
   3) **b**
   4) **a**
   5) **c**
   6) **d**
   7) **b**
   8) **b** and **c**
   9) **b**
10) **b**

Test 13
   1) **c**
   2) **d**
   3) **c**
   4) **b**
   5) **a**
   6) **d**
   7) **c**
   8) **b**
   9) **b**
10) **d**

Test 14
   1) **b**
   2) **e**
   3) **c**
   4) **b**
   5) **d**
   6) **c**
   7) **b**
   8) **c**
   9) **b**
10) **b**

Test 15
   1) **d**
   2) **d**
   3) **b**
   4) **b**
   5) **b**
   6) **c**
   7) **c**
   8) **a**
   9) **b**
10) **c**

Test 16
   1) **c**
   2) **a**
   3) **b**
   4) **c**
   5) **b**
   6) **c**
   7) **b**
   8) **a**
   9) **b**
10) **c**

Test 17
   1) **e**
   2) **b**
   3) **c**
   4) **b**
   5) **b**
   6) **d**
   7) **d**
   8) **c**
   9) **e**
10) **a**

Test 18
   1) **d**
   2) **a**
   3) **b**
   4) **e**
   5) **c**
   6) **b**
   7) **d**
   8) **a**
   9) **c**
10) **e**

Test 19
   1) **b**
   2) **d**
   3) **a**
   4) **c**
   5) **b**
   6) **d**
   7) **b**
   8) **c**
   9) **c**
10) **b**

Test 20
   1) **d**
   2) **d**
   3) **e**
   4) **c**
   5) **c**
   6) **e**
   7) **b**
   8) **a**
   9) **e**
10) **b**

Test 21
   1) **d**
   2) **a**
   3) **b**
   4) **a**
   5) **e**
   6) **c**
   7) **b**
   8) **d**
   9) **c**
10) **a**

© 2010 Stephen Curran

Answers

*11+ Non-verbal Reasoning
Year 5-7 Testbook 1*

Test 22
1) e
2) c
3) b
4) a
5) d
6) b
7) e
8) c
9) d
10) a

Test 23
1) e
2) a
3) d
4) c
5) b
6) e
7) c
8) a
9) c
10) d

Test 24
1) c
2) b
3) e
4) b
5) e
6) d
7) a
8) c
9) d
10) e

Test 25
1) b
2) c
3) d
4) e
5) e
6) b
7) e
8) c
9) d
10) a

Test 26
1) c
2) d
3) c
4) e
5) e
6) d
7) c
8) b
9) e
10) e

Test 27
1) e
2) d
3) a
4) c
5) b
6) d
7) c
8) a
9) a
10) e

Test 28
1) c
2) a
3) c
4) b
5) a
6) e
7) c
8) c
9) e
10) b

Test 29
1) e
2) c
3) b
4) d
5) e
6) b
7) c
8) d
9) b
10) a

Test 30
1) d
2) b
3) c
4) a
5) a
6) e
7) c
8) d
9) e
10) d

Test 31
1) b
2) d
3) a
4) c
5) e
6) e
7) b
8) c
9) d
10) a

11+ Non-verbal Reasoning
Year 5-7 Testbook 1

Answers

Test 32
1) c
2) c
3) b
4) a
5) e
6) e
7) c
8) c
9) b
10) c

Test 33
1) c
2) a
3) b
4) a
5) e
6) d
7) c
8) a
9) b
10) e

Test 34
1) e
2) d
3) a
4) c
5) d
6) a
7) b
8) b
9) d
10) c

Test 35
1) d
2) b
3) e
4) a
5) c
6) c
7) a
8) b
9) e
10) c

Test 36
1) d
2) b
3) c
4) a
5) a
6) e
7) c
8) b
9) e
10) d

Test 37
1) c
2) a
3) d
4) e
5) a
6) d
7) c
8) b
9) b
10) e

Test 38
1) a
2) c
3) d
4) c
5) e
6) b
7) a
8) b
9) a
10) c

Test 39
1) b
2) c
3) b
4) d
5) e
6) c
7) b
8) d
9) e
10) a

Test 40
1) e
2) b
3) c
4) a
5) d
6) c
7) b
8) c
9) a
10) e

PROGRESS CHARTS

Test	Score	%
1		
2		
3		
4		
5		
6		
7		
8		
9		
10		
11		
12		
13		
14		
15		
16		
17		
18		
19		
20		

Test	Score	%
21		
22		
23		
24		
25		
26		
27		
28		
29		
30		
31		
32		
33		
34		
35		
36		
37		
38		
39		
40		

© 2010 Stephen Curran

CERTIFICATE OF
ACHIEVEMENT

This certifies

_____

has successfully completed

11+ Non-verbal Reasoning
Year 5–7
TESTBOOK 1

Overall percentage score achieved [   ] %

Comment _____

_____

Signed _____
(teacher/parent/guardian)

Date _____